Walter Collan

Über spermatocystitis Gonorrhoica

Walter Collan

Über spermatocystitis Gonorrhoica

ISBN/EAN: 9783744672375

Hergestellt in Europa, USA, Kanada, Australien, Japan

Cover: Foto ©ninafisch / pixelio.de

Weitere Bücher finden Sie auf **www.hansebooks.com**

Über

Spermatocystitis Gonorrhoica

von

Dr. Walter Collan,
Assistent der Dermatologischen Klinik in Helsingfors.

Mit einer chromolithographischen und einer Lichtdruck-Tafel.

Hamburg und Leipzig,
Verlag von Leopold Voss.
1898.

Vorwort.

Vorliegende Untersuchungen habe ich im Frühjahre 1897 im Ambulatorium Professor Ernest Finger's in Wien gemacht. Es ist mir hier eine angenehme Pflicht, dem Herrn Professor Finger meinen tiefstempfundenen Dank auszusprechen für die Anregung zu dieser Arbeit, für seine Freundlichkeit, mir sein grosses Gonorrhoematerial für meine Untersuchungen zu überlassen, für das Interesse, das er denselben gezeigt hat, wie besonders für die grosse Mühe, die er sich gegeben hat, meine Resultate zu kontrollieren.

Die beigefügten Photographien sind vom Dozenten Dr. R. Kolster in Helsingfors genommen und spreche ich ihm hiermit meinen besten Dank aus.

Helsingfors, März 1898.

Dr. Walter Collan.

Inhaltsverzeichnis.

	Seite
Historischer Überblick	1
Einleitung und Untersuchungsmethoden	15
Kasuistik	25
Untersuchungsresultate und Epikrise	30
Pathologische Anatomie	38
Symptome	51
Frequenz	58
Prognose und Therapie	63
Litteratur	68
Erklärung der Abbildungen	74

I.
Historischer Überblick.

Die erste Beschreibung der Samenbläschen finden wir bei Bérenger de Carpi (1523)[1], welcher sie, „parastata cavernosa" nennend, sowohl ihre Lage und Aussehen, wie auch ihre Eigenschaft, Sperma zu enthalten, erwähnt. Von den späteren Anatomen, wie Vesalius (1543) und Falloppius (1561) werden dieselben ebenfalls genau beschrieben, die krankhaften Veränderungen derselben blieben aber doch lange unbekannt.

Dass man bei den meisten Kranken, die am virulenten Tripper oder am Nachtripper gelitten haben, die Prostata und die Samenbläschen krankhaft affiziert findet, behauptet Morgagni (Epist. XLIV. No. 14)[2], und werden von ihm nicht nur die Inflammation der Samenblasen sondern auch andere pathologische Veränderungen dieser Organe mit der Gonorrhöe in Verbindung gesetzt. Als Zeichen gonorrhoischer Entartung der Samenbläschen giebt Morgagni die Ausscheidung eines mit puriformer Materie und mit Blut untermengten, stinkenden Samens an (Epist. cit. Nr. 25), und erwähnt er weiter einen Fall, wo er bei einem jungen Manne, der viele Jahre am Nachtripper gelitten hatte, die Samenblasen so hochgradig geschrumpft fand, dass er kaum noch Höhlen in denselben entdecken konnte. Auf einer anderen Stelle (Epist. XXIV. Nr. 18), sagt er, dass er die Samenbläschen ebenfalls sehr klein gefunden hatte bei einem Manne, welcher lange Zeit am virulenten Tripper gelitten hatte.

Der erste aber, der ein ausführliches Werk über die Pathologie der Samenbläschen geschrieben hat, ist Baillie.[3]) Er sagt, dass er „niemals Gelegenheit gehabt hat, die Samenbläschen an und für sich selbst entzündet zu beobachten", behauptet aber, dass sie „gleich ohne Zweifel dieser Krankheit unterworfen sind". Doch sah er sie „in den natürlichen Folgen der Entzündung mit den sie umgebenden Teilen verwickelt". Er erwähnt weiter ihre Anomalien, dass die Samenbläschen von Skropheln angegriffen werden und dass man sie scirrhös degeneriert gesehen hat.

Im Jahre 1831 publizierte Gaussail[4]) die zwei ersten Sektionsbefunde von Samenblasenentzündung bei gonorrhoischer Hoden- und Nebenhodenanschwellung.

Die Ursache, dass die pathologischen Veränderungen der Samenbläschen so lange unbekannt geblieben waren, sucht Albers (1833)[5]) in der verborgenen Lage dieser Organe und in der grossen Mühe und Zeit, deren ihre genaue Untersuchung in den Leichen erfordert. Er erwähnt zuerst die Entzündung der Samenbläschen (p. 218), von der er sagt, dass dieselbe „nie für sich allein gefunden wird", sondern beständig nur in Begleitung von „Entzündung der Hoden, der Harnblase, des Mastdarmes und der Vorsteherdrüse", und dass man „häufiger die Ausgänge der Entzündung als die Entzündung selbst in diesen Teilen beobachtet". Zur Entzündung der Samenbläschen bedarf es, seiner Ansicht nach, „einer heftiger einwirkenden Ursache als zur Erregung der Harnblasen- und Hodenentzündung erforderlich ist", und behauptet er weiter, dass die chronische Entzündung häufiger beobachtet wird, als die akute (p. 219). Er beschreibt weiter die bekannten Krankheiten der Samenbläschen und macht zuletzt folgende Konklusionen:

1. Dass die Krankheiten der Samenbläschen sich durch eigentümliche Erscheinungen zu erkennen geben, welche aber in der

Regel mit Zufällen anderer Krankheiten verbunden sind; weshalb man sie bis jetzt übersehen hat.

2. Die Samenbläschenkrankheiten kommen nur selten für sich allein vor, sondern sind in der Regel mit Krankheiten der Prostata, der Hoden und des Samenstrangs verbunden.

3. Apoplexie, Koma oder Sopor kommen bei den Samenbläschenkrankheiten vor, wenn ein tödlicher Ausgang bevorsteht.

4. Die einzelnen Krankheiten der Samenbläschen haben zwar einzelne Symptome, allein noch keine sichere Diagnose, da jene Symptome zu allgemein sind, und auf mehrere Krankheiten hindeuten.

Einige Jahre später (1838) bespricht Albers[6]) wieder diesen selben Gegegenstand und giebt als Ursache der Samenblasenkrankheiten sowohl allgemeine dyskrasische Leiden, wie Tuberkelsucht und Skropheln an, wie auch lokale Reizung durch Tripper, Gicht und Onanie. Die Symptome, die wenig bekannt seien, sind: schmerzhaftes Ziehen und Spannen im Samenstrang von dem Hoden nach dem Bauchringe zu, knotige Anschwellungen des Samenstranges, Entartung des Hodens, des Vas deferens und des Ductus ejaculatorius, wodurch Entleerung von krankhaft entartetem Samen oder von Schleim und Eiter erfolgt. Bei der Untersuchung durch den After könne man eine fühlbare Entartung, bestehend in Vergrösserung und Empfindlichkeit der Samenbläschen, entdecken. Ausserdem sollten gewisse Hirnzufälle, wie Schwindel, Gedächtnisschwäche, Sopor und Apoplexie für die Samenbläschenkrankheiten von diagnostischer Bedeutung sein.

Auch Lallemand[7]) ist der Ansicht, dass die gonorrhoische Entzündung auf die Samenblasen übergehen kann, und beschreibt er die krankhaften Veränderungen dieser Organe, die als Folgen alter Urethritis anzusehen sind.

In dem im Jahre 1837 erschienenen Werke Naumanns[2]) finden wir eine ziemlich ausführliche Beschreibung der Samenbläschenkrankheiten, zu welchen er noch als eine neue Art, die Blutung aus den Samenbläschen, „Spermatocystidorrhagia", hinzufügen will, eine Krankheitsform, die doch schon früher, unter dem Namen Haemorrhagia ejaculatoria, Haematuria seminalis (W. Philipp) beschrieben worden war.

Eine vorzügliche Arbeit auf dem Gebiete der Samenblasenkrankheiten erschien im Jahre 1840, herausgegeben von dem norwegischen Arzte F. C. Faye.[8]) Ausser der Anatomie beschreibt er in dem ersten Teile auch die Pathologie der Samenbläschen, wie die Inflammation, die Suppuration u. s. w., und in dem zweiten Teile erwähnt er die Ätiologie, Symptomatologie, Diagnostik und Therapie dieser Krankheiten.

Sektionsbefunde von gonorrhoischer Spermatocystitis finden wir um diese Zeit bei Marcé (1854)[9]), Peter (1856)[10]), Velpeau (1856)[11]), Godard (1856)[12]), Laborde (1859)[13]) und Ch. Hardy (1860)[14]).

Im Jahre 1859 erschien in Strassburg die These Rapins[15]). Auch er ist der Ansicht, dass die primäre Entzündung der Samenbläschen selten ist, sekundär wird dieselbe aber häufig beobachtet bei Erkrankungen der benachbarten Organe, wie Rectum, Blase oder Harnröhre. Als Ursachen dieser Entzündung nennt er unter andern auch den Tripper und teilt die Symptome, die die Samenblasenkrankheiten hervorrufen, in allgemeine und lokale ein.

Für diagnostische Zwecke empfiehlt er die digitale Untersuchung per rectum und giebt an, dass man hinter- und oberhalb der schmerzlosen Prostata die empfindlichen Samenbläschen tasten kann.

Als das wichtigste Zeichen einer krankhaften Veränderung der Samenbläschen giebt Rapin die häufigen Samenentleerungen an von einem braun bis zum Übergange in rosa gefärbten Sperma. Diese Farbe ist durch die Beimischung von Blut hervorgerufen.

In seinem 1858 erschienenen Werke[16]) giebt Civiale einen

Überblick über die bis dahin publizierten Fälle von Samenblasenkrankheiten und teilt er die Inflammation der Samenbläschen ein in eine akute und eine chronische Form. Bei Besprechung der Symptome erwähnt er die präzipitierte Ejakulation bei nicht erigiertem Penis. Dieses Symptom könne nach ihm aber auch bei anderen Krankheiten vorkommen, z. B. bei Testikel- oder Blasenhalserkrankungen; hat man aber mit einem nervösen Individuum zu thun, und wenn noch dazu dieses Symptom sich mit einiger Regelmässigkeit wiederholt, so kann man mit grosser Wahrscheinlichkeit eine Erkrankung der Samenwege annehmen.

Ein zweites Zeichen dieser Krankheiten wäre nach Civiale die allgemeine Schwäche und Müdigkeit nach der Ejakulation, ein Zustand, der sogar mehrere Tage anhalten könne. Auch dieses Symptom kann bei anderen krankhaften Zuständen beobachtet werden, nämlich bei Erkrankungen der Prostata. Doch ist das Mattigkeitsgefühl bei diesen nie so stark und ausgeprägt und nie von so langer Dauer, wie bei Erkrankungen der Samenbläschen. Als weitere Symptome erwähnt er die unfreiwilligen Samenergiessungen und geht dann über zu den Ursachen der Samenblasenerkrankungen, worunter er zuerst die Gonorrhöe nennt. Dass diese die grosse Bedeutung beim Zustandekommen der Samenblasenkrankheiten haben solle, wie von vielen Autoren hervorgehoben worden ist, verneint Civiale und stützt seine Ansicht auf die Thatsache, dass man Samenblasenerkrankungen und den für solche charakteristischen Ausfluss beobachten kann bei Personen, die sich nie der Möglichkeit einer Ansteckung ausgesetzt haben, wohl aber sich der Masturbation hingegeben haben. Weitere Ursachen zur Erkrankung der Samenwege seien Strikturen der Harnröhre, Irritation und Inflammation des Präputiums und der Eichel, Krankheiten der Prostata und des Blasenhalses, des Rectums, und Störungen auf dem Gebiete der Genitalfunktionen, zuletzt allgemeine Krankheitszustände und Heredität.

Humphry[17]) erwähnt nur kurz die Samenblasenkrankheiten und hebt hervor, dass die Symptome derselben ganz diejenigen der inflammierten Prostata sind.

Kocher[18]) beschreibt die akute und die chronische Inflammation der Samenblasen und giebt einen Sektionsbefund eines mit Eiter angefüllten Samenbläschens.

Im Jahre 1877 beschreibt Purser[19]) einen zur Sektion gelangten Fall von chronischer nach Urethritis entstandener Spermatocystitis. Bei demselben war das linke Samenbläschen Sitz der Inflammation, dessen Wände waren verdickt und das Bläschen mit Eiter gefüllt, in welchem zahlreiche Bakterien gefunden wurden.

Zu den zwei früher aufgestellten Formen der Inflammation der Samenblasen, der akuten und der chronischen Spermatocystitis. fügte Delfau (1880)[20]) eine dritte Art, die subakute, hinzu. Es sind nach ihm die Samenblasenerkrankungen wenig bekannt, sowohl wegen der Unbestimmtheit ihrer Symptome, wie auch durch den Umstand, dass diese durch die Symptome der erkrankten Nachbarorgane gedeckt werden.

Als vor dem Erscheinen der Arbeit Delfau's publiziert, müssen wir hier noch die Werke kurz erwähnen, die von Gosselin (1873)[21]), Faucon (1876)[22]) und Verneuil (1874)[23]) geschrieben worden sind, wie auch das Handbuch von Voillemier und Le Dentu (1881).[24])

Ein vorzügliches Werk auf dem Gebiete der Samenblasenerkrankungen erschien im Jahre 1883, nämlich die Arbeit Octave Guelliot's.[25]) Ausser einer genauen Beschreibung der anatomischen Verhältnisse der Samenblasen erwähnt Guelliot die Physiologie derselben und geht dann zu den pathologischen Veränderungen über. Die Spermatocystitis teilt er ein in eine akute und eine chronische Form, zwischen welchen beiden verschiedene Stadien, von welchen das eine mehr der akuten, das andere mehr der chronischen Form gehören, zu finden sind. Das Aufstellen einer dritten, subakuten Form, wie es Delfau gethan hat, hält Guelliot für überflüssig, wie er auch die Hyperämie der Samenbläschen, wie diese von Le Dentu angegeben ist, einer weiteren Beschreibung nicht wert hält.

Die Ätiologie der akuten Spermatocystitis ist nach Guelliot „presque toujours, sinon toujours", die Blennorrhöe, die von der Urethra längs des Ductus ejaculatorius zur Samenblase hinaufsteigt. Zum Beweise dieser Thatsache führt er einen Fall an, wo im Verlaufe einer mit Epididymitis sinistra komplizierten Urethritis die linke Samenblase bei der rektalen Untersuchung beträchtlich vergrössert und schmerzhaft gefunden wurde.

Als charakteristische Symptome erwähnt er zuallererst die Schmerzen, die die Patienten teils im Perinäum, teils im unteren Teile des Abdomens spüren. Diese Schmerzen werden durch den Coitus stärker, können sogar in heftige Schmerzanfälle übergehen. Auch die Miktion und Defäkation können dieselben Schmerzen hervorrufen, ein Umstand, der noch insofern schlimmer ist, da die genannten Funktionen bei diesen Fällen gewöhnlich, oder wenigstens sehr oft, nicht normal sind. Es besteht nämlich häufig oder fast immer Obstipation und wird der Patient durch Tenesmus und ein Gefühl von Schwere im Mastdarm geplagt. Von Bedeutung sind die Störungen bei der Ejakulation. Den sogenannten Prospermatismus hält Guelliot für wahrscheinlich bei Spermatocystitis, doch scheint er ein grösseres Gewicht auf die häufigen, oft schmerzhaften und blutvermengten Pollutionen zu legen.

Besonders die Hämospermie betrachtet Guelliot aber als ein sicheres Zeichen der Spermatocystitis und falls dieselbe auch schmerzhaft ist, hält er dieses Symptom für unzweifelhaft.

Um die Diagnose, die seiner Ansicht nach schon durch alle diese Symptome ziemlich gesichert ist, noch zu vervollständigen, empfiehlt er die Untersuchung per rectum. Diese soll bei voller Harnblase vorgenommen werden, und behauptet Guelliot, dass eine gesunde Samenblase nicht mit dem Finger wahrgenommen werden kann, dass aber umgekehrt ein Samenbläschen, das man deutlich abtasten kann, sicher krank ist. Durch diese rektale Untersuchung will er schon die ersten Stadien einer Spermatocystitis diagnostizieren können. Auf das Auspressen der Samenbläschen und die Untersuchung des Samenblaseninhaltes will er kein Gewicht legen, hält überdies auch diese Manipulation als für den Patienten zu schmerzhaft.

Die allgemeinen Symptome sind nach Guelliot bei der akuten Spermatocystitis fast keine.

Der Ausgang einer akuten Spermatocystitis ist entweder der in Resolution oder auch, was häufiger ist, der in Suppuration. Diese ist nämlich viel gewöhnlicher, als im allgemeinen angenommen wird, und sagt Guelliot, dass man fast in allen Fällen von Autopsie von Gonorrhoikern Eiter in den Vesiculis seminalibus gefunden hat.

Zu den früher genannten Sektionsbefunden fügt Guelliot zwei Autopsien von mit Blennorrhöe behafteten Personen. Auf Grund des Befundes in dem zweiten dieser Fälle will Guelliot folgende Konklusionen ziehen:

1. dass eine Spermatocystitis sich entwickeln kann, ohne dass eine Epididymitis weder vorausgegangen oder zur selben Zeit da ist;

2. dass ausser den oberflächlichen, mukösen Läsionen auch eine tiefer sitzende Inflammation der betreffenden Kanäle vorkommen kann, nämlich eine Periurethritis, eine Perivesiculitis und eine Perideferentitis bestehen kann.

Die Prognose einer akuten Spermatocystitis muss nach Guelliot immer etwas unsicher gestellt werden wegen der in vielen Fällen durch diese hervorgerufenen Peritonitis.

Die chronische Spermatocystitis ist nach Guelliot sehr häufig, was auch schon Faye erwähnt hat. In der Ätiologie dieser spielt auch die Blennorrhöe eine hervorragende Rolle, und wenn die

Gonorrhöe als ätiologisches Moment fehlt, findet man fast immer Harnretention, hervorgerufen entweder durch eine Striktur oder durch Hypertrophie der Prostata. Durch diese Harnverhaltung wird ein Reiz auf die umgebenden Partien ausgeübt und kommt nach Guelliot so die Inflammation der Samenbläschen zustande.

Die Symptome der chronischen Spermatocystitis sind dieselben wie bei der akuten Form. Ausser Störungen bei der Miktion und Defäkation haben wir oft die Spermatorrhöe und die Hämospermie, welche letztere bei der chronischen Form doch nicht von so intensiven Schmerzen gefolgt ist wie in den akuten Fällen.

Die rektale Untersuchung ist bei der chronischen Form nur dann von Bedeutung, wenn Schmerzhaftigkeit der Samenbläschen vorhanden ist oder wenn dieselben hypertrophisch sind.

Ein Zeichen, worauf aber Guelliot das Hauptgewicht legen will, ist die oft wiederkehrende Epididymitis, die teils nur einseitig sein kann, teils aber abwechselnd die eine oder andere Seite betrifft. Diese Entstehung der Epididymitis wäre so zu erklären, dass in den Samenbläschen die Residuen einer alten Urethritis noch zurückgeblieben sind und von diesen werde die Hodenanschwellung durch irgend welche Irritantien wieder hervorgerufen.

Im Jahre 1884 beschreibt Neumann[26]) die Samenblasenkrankheiten und teilt drei Fälle mit, wo er durch die rektale Untersuchung die Vesiculae seminales vergrössert gefunden hat, und in dem darauffolgenden Jahre erwähnt Finger[27]) einen Fall von Spermatocystitis bilateralis chronica, wo die Samenbläschen vergrössert waren, der Druck auf dieselben nicht schmerzhaft war, aber „ein eigentümliches Gefühl, ähnlich dem, als ob der Ulnaris gedrückt oder gestossen würde", erzeugte.

In den Lehrbüchern Kochers[28]) und Neumanns[29]) und in einem Aufsatze Neumanns[30]) werden die Krankheiten der Samenbläschen beschrieben und stützt sich Kocher in seinen Angaben hauptsächlich auf das genannte Werk Guelliot's.

In einem langen und ausführlichen Aufsatze bespricht Jordan Lloyd[31]) die Inflammation der Samenbläschen, die er mit den Erkrankungen der weiblichen Tuben vergleicht. Zur Erleichterung der Diagnose bei der Untersuchung per rectum empfiehlt er das Einführen einer Metallsonde in die Blase, ein Verfahren, wodurch das Abtasten der Samenbläschen wesentlich erleichtert werden soll.

Von der gonorrhoischen Spermatocystitis will Lloyd zwei Arten gesehen haben, die eine leicht, ebenso häufig wie die Epididymitis, die andere Form schwerer und verhältnismässig selten vorkommend. Er beschreibt auch die Symptome der Spermatocystitis, und fasst zuletzt seine Ansichten über diese Krankheitsform in mehrere Punkte zusammen, wovon wir die folgenden wiedergeben wollen:

1. Dass die inflammatorischen Krankheiten der Samenbläschen und Samenwege nicht selten sind.

2. Dass dieselben in vielen Hinsichten den inflammatorischen Krankheiten der weiblichen Tuben analog sind.

3. Dass dieselben zuweilen primär vorkommen können, doch in der Regel sekundär sind nach Erkrankungen der Harnröhre.

5. Dass der Ausgang der Spermatocystitis in Suppuration sehr selten ist.

7. Dass die Gonorrhöe die gewöhnlichste Ursache der Samenblasenkrankheiten ist.

8. Dass die Spermatocystitis oft vorkommt bei Epididymitis.

9. Dass die Spermatocystitis oft für Inflammation der Prostata und des Blasenhalses gehalten wird.

10. Dass die sichere Diagnose der Spermatocystitis nur durch die rektale Untersuchung gemacht werden kann.

Eine Beschreibung der klinischen Symptome und der Diagnostik der Spermatocystitis finden wir in einem Aufsatze von Horovitz[32]), welcher Autor auch das Kapitel über die Samenblasenkrankheiten in dem im Jahre 1894 erschienenen Handbuche[33]) von W. Zuelzer und F. M. Oberländer geschrieben hat.

Im Jahre 1890 behauptet Fürbringer[34]), dass die Diagnose der chronischen Spermatocystitis, „die trotz einiger guten Bearbeitungen noch schlechter gekannt ist als die Prostatitis", „wohl überhaupt unzugänglich" sei, „wofern es nicht gelingt das Organ als derben Knoten per anum abzutasten". Auch er ist der Ansicht, dass diese Krankheit „fast immer" gonorrhoischen Ursprungs ist, und glaubt er, dass dieselbe „wahrscheinlich ein viel häufigeres Glied ist in der Kette der Tripperkomplikationen, zumal als Begleitzustand der Epididymitis, als man gemeinhin annimmt".

Was die akute Entzündung der Samenbläschen anbelangt, hält Fürbringer die Diagnose derselben nur in den Fällen für möglich, wo durch die Mastdarmpalpation eine Vergrösserung der betreffenden Organe nachgewiesen werden kann, weil, seiner Ansicht nach, die Symptome, die durch dieses Leiden hervorgerufen werden, „zu vieldeutig sind, um auf sie einen bestimmten Ausspruch gründen zu können".

Drei Sektionsbefunde, und zwar einen von „Cystitis seminalis acuta" führt A. Dreyer[35]) an. In diesem Falle, wo keine Gonorrhöe nachgewiesen werden konnte, enthielten die Samenblasen grünlichgelben Eiter, in den zwei anderen, chronisch verlaufenen Fällen waren die Samenbläschen in dem einen Falle atrophisch, in dem zweiten stark vergrössert.

Von Alexander[36]) werden sechs Fälle von suppurativer Entzündung der Samenbläschen, welche insofern interessant sind, dass sie sämtlich zu falschen Diagnosen Veranlassung gegeben hatten, und von Mauriac[37]) ein Fall angeführt, wo ein Mann am 33. Tage einer akuten Gonorrhöe eine akute Deferentitis bekam und wo zugleich durch die rektale Untersuchung die Prostata normal gefunden wurde, das Samenbläschen aber hervorgewölbt und schmerzhaft war.

Die Entzündung der Samenbläschen wird auch von Parkin[38]) mit der Salpingitis verglichen und waren in den zwei Fällen von Spermatocystitis, die er anführt und die er intra vitam beobachtet hat, auch Hoden und Nebenhoden, in dem einen Falle auch noch das Vas deferens mit angegriffen.

Den ätiologischen Zusammenhang der Samenbläschenentzündung mit der Salpingitis bespricht auch Terrillon[39]), der im Samen von an Gonorrhöe leidenden Männern Eiterkörperchen gefunden hat, und die Frage aufwirft, ob nicht die gonorrhoischen Uterus- und Tubarerkrankungen durch die Virulenz des Spermas hervorgerufen werden könnten.

In einem zweiten Aufsatze bespricht Jordan Lloyd[40]) wieder die Frage von der Spermatocystitis, unsere Unbekanntschaft mit dieser Krankheit hervorhebend, wie auch die Thatsache betonend, dass die Spermatocystitis in den gewöhnlichen Handbüchern über Geschlechtskrankheiten entweder gar nicht erwähnt wird oder auch nur mit einigen Worten und höchst mangelhaft beschrieben wird.

Im Jahre 1892 betont Robinson[41]) in einem Aufsatze über die gonorrhoische Samenblasenentzündung, dass die erweiterten Samenbläschen Eiter enthalten können, dass die Vereiterung derselben aber sehr selten sei, und dass die Gonokokken höchst wahrscheinlich in die Vesiculae seminales eindringen und dass das Trippergift, durch z. B. geschlechtliche Excesse aus diesen hinausbefördert, wieder seine Virulenz geltend machen könne.

Die bimanuelle Untersuchung der Samenbläschen wird von Fuller[42]) empfohlen zur Entdeckung der vergrösserten Vesiculae seminales, aus welchen bei Druck der Inhalt sich entleert und in dem daraufgelassenen Harne nachgewiesen werden kann. In einem zweiten Aufsatze (1894)[43]) über denselben Gegenstand macht Fuller auf die Thatsache aufmerksam, dass wohl ein Drittel der Fälle von Spermatocystitis tuberkulösen Ursprunges ist, ein Umstand, der von grosser Bedeutung ist wegen der Prognose, und in dem darauffolgenden Jahre (1895) bespricht er in einem Vortrage[44]) in der „American Association of Genito-Urinary Surgeons" dieses selbe Thema.

Auf die akute Spermatocystitis ist die Aufmerksamkeit gelenkt worden durch die Arbeiten von Rehfisch (1895)[45], Feleki (1895)[46]) und v. Petersen (1894)[47]), welcher letztere diese Krankheit in $4\,^0/_0$ seiner Fälle beobachtet hat und der die rektale Untersuchung der Samenbläschen, speciell in jedem Falle von Epididymitis empfiehlt.

Die Thatsache, dass die akute Spermatocystitis eine rein gonorrhoische Affektion sein kann, wurde von Reich (1894)[48]) bewiesen. Es gelang ihm nämlich in einem akuten Falle von Samenblasenentzündung, wo eine Incision vom Rektum aus ausgeführt werden musste, in dem entleerten Eiter Gonokokken sowohl mikroskopisch wie auch kulturell nachzuweisen.

Auch die chronische Samenblasenentzündung ist in den letzten Jahren Gegenstand mehrerer Publikationen gewesen.

So führt Thompson (1894)[49]) vier Fälle an, wo er die Massage mit dem Finger per rectum empfiehlt, ein Verfahren, das auch Allen (1894)[50]) und Taylor (1894)[51]) bei der Behandlung der Spermatocystitis anwenden. Diese letztgenannten Autoren besprechen auch die Symptome der Spermatocystitis, deren Häufigkeit sie betonen, und empfehlen sie zur Stellung der Diagnose die Untersuchung des Samens, der durch die Massage aus den Samenbläschen ohne grosse Schwierigkeit zu gewinnen ist.

In seinem Handbuche[52]) bespricht Finger (1896) sowohl die akute, wie auch die chronische Spermatocystitis, die Symptome derselben und die Therapie. Auf Grund der von van Sehlen (1894)[53]) bewiesenen Thatsache, dass Gonokokken in dem aus den Samenbläschen durch Druck entleerten Sperma nachgewiesen werden können, fordert Finger zu weiteren Untersuchungen auf diesem Gebiete auf und betont, „dass neben der Untersuchung des Prostatasekretes auch die des Sperma auf Eiterzellen und Gonokokken fortan unsere Aufgabe ist." Zur Expression des Samens aus den Samenbläschen empfiehlt Finger das von Feleki zur Massage der Prostata konstruierte Instrument, das er auch zu therapeutischen Zwecken verwendbar und rationell findet.

Wir haben somit den Gang der Entwickelung unserer Kenntnisse über die Spermatocystitis bis zum heutigen Tage verfolgt. Viele Autoren und Werke, die wir bis jetzt noch nicht genannt haben, werden wir Gelegenheit haben später zu erwähnen, auffallend wird aber sein, dass wir die meisten gewöhnlichen Handbücher der Krankheiten der Geschlechtsorgane gar nicht citiert haben, dieses, weil nicht nur der Spermatocystitis, sondern der ganzen Frage der Samenblasenkrankheiten in den meisten dieser Werke eine, man möchte sagen fast zu stiefmütterliche Behandlung zu teil geworden ist.

II.
Einleitung und Untersuchungsmethoden.

Bei Besprechung der Symptome der chronischen Samenblasenentzündung erwähnt (1883) Guelliot[25]) die häufig und ohne sichtbare Ursache wiederkehrenden Epididymitiden, die teils immer denselben Hoden, teils aber abwechselnd den rechten oder linken befallen können und die nach ihm fast denselben Charakter zeigen wie diejenigen Nebenhodenentzündungen, die infolge einer akuten Urethritis entstehen. Da in diesen Fällen doch keine Gonorrhöe der Harnröhre mehr besteht, muss seiner Ansicht nach an irgend eine andere Ursache dieser Krankheit gedacht werden, und behauptet Guelliot, dass irgendwo ein Herd zu finden sein muss, von wo die die Epididymitis veranlassenden Krankheitserreger sich verbreiten und zum Wiedererscheinen der alten Symptome, sanguinolente Pollutionen, Harnbeschwerden und schmerzhafte Defäkation Veranlassung geben. Als einen solchen Herd betrachtet er die Samenblasen.

Als charakteristisch für den Samen bei der gonorrhoischen Entzündung der Epididymis hebt Terrillon (1880)[56]) die gelbe Farbe desselben, die durch Beimischung von Eiterkörperchen hervorgerufen ist, hervor. Er ist der Ansicht, dass diese veränderte Beschaffenheit des Samens nicht zustande kommen kann durch eine Beimischung des Eiters beim Passieren der Urethra, weil die Zahl der Eiterkörperchen so beträchtlich ist und dieselben im Sperma so gleichmässig bei jeder Ejakulation verteilt sind, sondern dass der Samen schon in den Samenbläschen krankhaft verändert sein muss.

In einer späteren Publikation[39]) bespricht Terrillon (1890) die häufig vorkommenden Salpingitiden der Frauen und glaubt, dass der mit Eiterkörperchen in dieser Weise vermengte Samen, der virulente Eigenschaften wohl besitzt, eine Blennorrhagie des Uterus und der Tuben hervorrufen kann, obgleich in diesen Fällen oft die Vaginalschleimhaut intakt bleibt.

Von Robinson wird (1892)[41]) die Ansicht ausgesprochen, dass die Samenbläschen, deren Erkrankung am häufigsten gonorrhoischen Ursprungs ist und mit einer Epididymitis meistens einherzugehen pflegt, für die Gonokokken höchst wahrscheinlich eine günstige Schlummerstätte bilden, aus welcher dieselben bei irgend einer Veranlassung und nach Irritamenten, wie z. B. nach geschlechtlichen Excessen, wieder zum Vorschein gelangen können und ihre Virulenz geltend machen. Diese Behauptung, dass die Gonokokken in die Samenbläschen einwandern können, fand durch einen Fall, der von Reich[48]) beobachtet wurde, ihre Bestätigung. Der Fall betraf einen 21 Jahre alten Mann, der, mit einer akuten Urethritis behaftet, von heftigem Fieber und einer rechtsseitigen Nebenhodenentzündung befallen wurde. Bei der rektalen Untersuchung konnte eine schmerzhafte Vergrösserung der rechten Samenblase gefühlt werden. Da diese Geschwulst immer grösser wurde und zuletzt Fluktuation darbot, musste eine Incision vom Perinäum aus, nach Ablösung der vorderen Darmwand, gemacht werden, und in dem in dieser Weise entleerten Eiter gelang es Reich Gonokokken sowohl mikroskopisch, wie auch kulturell nachzuweisen.

In der, dem Vortrage O. v. Petersens über „Spermatocystitis als Komplikation der Urethritis"[47]) folgenden Diskussion äussert Lang als seine Überzeugung, dass die Entzündung der Samenblasen im Verlaufe einer Urethritis nicht so selten vorkommt, besonders, wenn zugleich eine Epididymitis vorausgegangen ist, dass aber die Vereiterung der Vesiculae seminales sehr selten beobachtet wird. Auch van Sehlen, der sich bei derselben Gelegenheit über diesen Gegenstand äusserte, will die Spermatocystitis häufig gesehen haben und ist es ihm als erstem gelungen, Gonokokken nachzuweisen in dem aus den Samenblasen ausgedrückten Sperma. Auch Rehfisch[45]), der über einen Fall von Abscess der Samenbläschen berichtet, ist es (1895) gelungen, in dem aus der Samenblase exprimierten und durch die Urethra gewonnenen Sekrete Gonokokken nachzuweisen.

Obgleich durch diese jetzt erwähnten Thatsachen die gonorrhoische Miterkrankung der Samenbläschen zuerst zwar nur behauptet, später aber auch bewiesen wurde und das Vorkommen und die Häufigkeit dieses Leidens mehrfach hervorgehoben worden ist, blieb doch bis fast zum heutigen Tage die ganze Frage der gonorrhoischen Spermatocystitis wohl den meisten Ärzten fremd.

Die Ursache davon ist wohl in erster Reihe darin zu suchen, dass die Symptome, die besonders die chronische Form dieser Krankheit erregt, so mannigfaltig sind und sich von denjenigen, die infolge einer Urethritis posterior und noch mehr einer Prostatitis entstehen, schwer zu unterscheiden sind. Eine weitere Ursache bildet sicher die verborgene Lage und die dadurch erschwerte genaue Untersuchung der Samenbläschen, wie auch der Mangel einer Untersuchungsmethode, durch welche die Erkrankung der Samenbläschen für alle Fälle in einer zuverlässigen und auch für die Praxis verwendbaren Weise zu ermitteln wäre.

Von den meisten Autoren wird zur Stellung der Diagnose der Spermatocystitis die rektale Untersuchung empfohlen. Dass durch diese in vielen Fällen aber hauptsächlich und fast ausschliesslich nur die akute Erkrankung der Samenbläschen, die mit Vergrösserung und Schmerzhaftigkeit des Organes verbunden ist, nachgewiesen werden kann, unterliegt keinem Zweifel, dass aber in sehr vielen, vielleicht den meisten Fällen eine Diagnose einer Spermatocystitis, besonders einer einfach katarrhalischen oder chronisch verlaufenden, wenn nicht zugleich eine ausgeprägte Schmerzhaftigkeit oder Induration und Vergrösserung vorhanden ist, nicht durch die Untersuchung per rectum möglich ist, möchten wir als unsere Ansicht hervorheben. Dieses auf Grund folgender anatomischer Verhältnisse.

Die Samenblasen liegen, wie bekannt, an der Rückseite der Blase, vor dem Rektum und oberhalb der Prostata, und bilden miteinander einen nach oben offenen stumpfen Winkel, dessen Grösse von den meisten Autoren verschieden angegeben wird. Da der obere Rand der Prostata, bei normaler Grösse der Vorsteherdrüse „gerade mit der Fingerspitze erreichbar ist"[57]), es aber in sehr vielen Fällen, wo die Prostata nicht vergrössert ist, doch nicht möglich ist die obere Grenze der Prostata mit dem Finger zu fühlen, wird man um so weniger selbstverständlich die höher gelegenen Samenbläschen, falls dieselben nicht entweder verlagert oder vergrössert sind, abtasten können, eine Thatsache, worauf auch schon Guelliot aufmerksam gemacht hat. Um die Untersuchung per rectum machen zu können, muss, nach Guelliot, der Patient die Rückenlage mit eingebogenen Knieen und gespreizten Schenkeln einnehmen, und muss, ein Umstand, worauf Guelliot einen sehr grossen Wert legt, die Blase voll sein, damit in dieser Weise eine feste Wand geschaffen wird, gegen welche die Vesiculae seminales fixiert werden können und so dem untersuchenden Finger einen besseren Widerstand leisten, als das bei leerer Blase der Fall ist. Sind alle diese Vorsichtsmassregeln genau beobachtet, kann es doch, wie Guelliot betont, vorkommen, dass man nicht imstande ist die Samenbläschen zu fühlen, und glaubt er daher folgenden Satz aufstellen zu können: „Une vésicule que l'on peut reconnaitre avec le doigt, est une vésicule malade."*)

---

*) l. c. p. 115.

Vergleichen wir weiter die von Feleki[46]) bei Leichen gemachten Untersuchungen über die Lage der Prostata und die Abstände der oberen und unteren Grenze dieses Organes vom Analrande und berücksichtigen wir die Zahlen in der beigefügten,

Alter des obdnzierten Individuums	Abstand der Spitze der Prostata vom Anus	Abstand des oberen Randes (Basis) der Prostata vom Anus	Abstand des oberen Randes des Samenbläschens von der Analöffnung	Anmerkung
53	6 cm	7.5 cm	10 cm	
43	7 „	9 „	10.5 „	
44	5 „	7.5 „	10.5 „	
59	7.5 „	9.5 „	12 „	Seit länger bestehender Anus praeternaturalis.
24	2.7 „	5.2 „	6.8 „	
24	6 „	9.5 „	11.5 „	
21	6.5 „	8.5 „	10.5 „	
45	6.5 „	9.5 „	13 „	
60	6 „	9 „	10.5 „	
46	6 „	8.5 „	10.5 „	
58	9 „	12 „	15 „	
53	5.5 „	8 „	9 „	
43	6 „	9 „	13.5 „	
45	5 „	9 „	12 „	Spermatocystitis tuberc. sin. Prostata normal.
37	5.5 „	8 „	13 „	
50	6 „	10 „	13.5 „	
55	5 „	8 „	12 „	
55	6 „	10 „	14 „	
55	8 „	12.5 „	16 „	
38	6 „	8.5 „	11 „	Spermatocystitis gonorrh. dext. Prostata makroskopisch normal.
38	5 „	7.5 „	11 „	
28	7 „	10 „	14 „	
44	7 „	9.5 „	13 „	
48	7 „	10 „	13.5 „	
28	5 „	8.5 „	10 „	
44	6 „	10 „	14 „	
46	7 „	10.5 „	12.5 „	
42	7.5 „	10 „	13 „	
46	8 „	13 „	16.5 „	
30	6 „	9.5 „	14 „	
33	6.5 „	10 „	15 „	
32	7.5 „	11 „	13 „	

von ihm aufgestellten Tabelle, so sehen wir, dass wir aus derselben folgende Mittelwerte für die resp. Abstände der Prostatagrenzen und folglich auch der unteren Grenze der Samenbläschen vom Analrande finden werden. Es ist nämlich der Abstand zwischen Analöffnung und Prostataspitze 6.3 cm, der zwischen Anus und oberem Prostatarande 9,2 cm*) eine Zahl, die ja doch beträchtlich grösser ist als die Durchschnittsziffer von 7—7$^1/_2$ cm, die bisher für den betreffenden Abstand galt.

Da folglich nach den von Feleki gemachten Untersuchungen, ersichtlich ist, dass in der Mehrzahl der Fälle die obere Prostatagrenze nicht mit dem Finger zu erreichen ist, was sich ja auch häufig genug in der Praxis konstatieren lässt, so muss dies umso mehr der Fall sein mit den noch höher vom Analrande liegenden Samenbläschen.

Um die Prostata gründlich und in ihrer ganzen Ausdehnung massieren zu können, was aus oben angeführten Gründen mit dem Finger nicht zu erzielen ist, hat Feleki ein Instrument konstruiert, das er auch zum Ausdrücken des Spermas aus den Samenbläschen empfiehlt. Da dieses Instrument bis jetzt noch nicht allgemeine Verwendung erhalten hat und somit wohl vielen unbekannt geblieben ist, wollen wir die Beschreibung desselben, wie sie Feleki selbst giebt[46]), hier wiedergeben. Dasselbe besteht aus zwei Teilen, „dem einer langgestreckten Birne ähnlichen Mastdarmbougie und dem Griffe. Das Bougie ist 13 cm lang und besitzt an seiner dicksten Stelle einen Umfang von 6 cm. Der Griff ist 18—20 cm lang. Bei Gebrauch des Instrumentes sind die beiden Teile auf einander geschraubt und bilden sodann einen Winkel von 100°".

Dieses selben Instrumentes, dessen Anwendung zur Expression des Samens auch Finger (1896)[52]) empfiehlt, haben wir uns bedient, um den Samen für unsere Untersuchungen zu gewinnen und wollen wir jetzt eine Beschreibung geben über die Methode, die wir gebraucht haben, um das Material, das Sperma für die Unter-

---

*) Diese Messungen sind bei leerer Blase und leerem Rektum vorgenommen, und sind bei der Berechnung des Mittelwertes alle die Fälle nicht mitgenommen, wo die betreffenden Personen über 45 Jahre alt waren, wie auch der Fall, wo seit langer Zeit ein Anus praeternaturalis bestanden hatte, ausgeschlossen worden ist wegen der ganz abnormen Verhältnisse, die derselbe darbot.

suchungen zu erhalten, durch welche wir gesucht haben erstens festzustellen, ob die Gonokokken in die Samenbläschen einwandern und hier eine Entzündung erzeugen können, und zweitens eine Methode zu geben, die uns erlaubt diese Erkrankung der Vesiculae seminales zu diagnostizieren und zu behandeln.

Was zunächst die Fälle anbelangt, die wir untersucht haben, so waren es Patienten, die schon längere Zeit in Behandlung und Beobachtung standen und Zeichen einer Urethritis posterior dargeboten hatten, bei welchen es aber nicht mehr gelungen war, Gonokokken aus der Urethra anterior nach den gebräuchlichen Methoden nachzuweisen. Die Patienten wurden vorher aufgefordert am bestimmten Tage zur Untersuchung zu erscheinen und wurde ihnen ausdrücklich gesagt, dass sie möglichst viel Urin in der Blase zurückhalten sollten.

Da das Hauptgewicht darauf gelegt werden musste, das Sekret der Samenbläschen rein, ohne Beimischung von Sekret, weder aus der Harnröhre noch aus der Prostata, zu erhalten, wurde der Patient aufgefordert, vor der Untersuchung, etwas und zwar so viel zu urinieren, dass die ganze Urethra durch den Harnstrahl reingespült wurde, was daraus zu erkennen war, dass der letztgelassene Urin von Fädchen und Flocken gänzlich frei war.

Hierauf wurde dem Patienten, der mit tief nach vorne übergebeugtem Oberkörper stand, das Feleki'sche Instrument, das mit Vaselin gut eingefettet war, in das Rektum eingeführt, und zwar so tief, dass die ganze Prostata mit Sicherheit mit dem Instrumente in Berührung kam, ein Berühren der Samenbläschen aber möglichst vermieden wurde, und mit demselben die Prostata gründlich und kräftig ausgedrückt und massiert. In vielen Fällen gelang es uns das Prostatasekret aus der Harnröhrenmündung direkt aufzufangen, und wurde dasselbe so auf den Objektträger zur Untersuchung aufgenommen. In anderen Fällen konnten wir das Prostatasekret nicht so gewinnen, weil dasselbe den Sphincter externus nicht passieren konnte aus dem Grunde, dass die Patienten während der Massage kräftig spannten und somit ihren Compressor Urethrae reflektorisch schlossen, sondern das Prostatasekret regurgitierte in die Blase. Unter solchen Umständen musste die Blase ganz entleert werden und um das Prostatasekret zu erhalten, wurde der Harn, zu welchem einige Tropfen Formalinlösung gegeben wurden, um denselben steril zu halten, durch Fliesspapier abfiltriert und der Rückstand, das Prostatasekret, so zur mikroskopischen Untersuchung aufgefangen.

Wurde das Prostatasekret direkt aus der Harnröhre gewonnen, musste der Patient wiederum und so viel Harn aus der Blase entleeren, bis derselbe klar war und die ganze Urethra von Prostatasekret frei war, doch wurde er aufgefordert, wenn möglich, noch etwas Urin in der Blase zurückzuhalten. Hierauf wurde der Feleki'sche Prostatamasseur wieder in das Rektum eingeführt und zwar tiefer als das erste Mal und mit demselben durch teils streichende, teils einfach drückende energische Bewegungen nach rechts und links ober der Prostata die Samenbläschen, die man mit dem Instrumente nach einiger Übung sehr gut fühlen kann, massiert. Hierbei gelang es sehr häufig den Samen, der durch die Urethra hervorquoll, aus der Harnröhrenmündung direkt zur Untersuchung aufzufangen, in anderen Fällen, wo das nicht der Fall war, sondern das Sperma aus angegebenen Gründen in die Blase regurgitierte, wurde dasselbe durch Urinieren oder, wenn der Patient seine Blase bereits ganz entleert hatte, durch Ausspülung der Blase mit sterilem Wasser gewonnen. Die in dem Samen befindlichen Globulinkörner wurden dann mit einer sterilen Platinöse aus der Samenflüssigkeit herausgeholt, mit sterilem Wasser um alle Harnreste zu entfernen gründlich ausgewaschen und dann zwischen zwei Objektträger zerdrückt, über die Flamme oder 30—40 Minuten in einer Mischung von Äther-Alkohol zu gleichen Teilen fixiert und mit Methylenblau gefärbt.

Weil aber gegen dieses Verfahren der Einwand gemacht werden könnte, dass durch das Urinieren die nach der Prostatamassage aus dieser herausgepressten oder in der Urethra anterior befindlichen Eiterkörperchen resp. Gonokokken nicht vollständig aus der Harnröhre entfernt worden waren, sondern man sich denken könnte, dass dieselben sich dem später ausgedrückten Samen beimischen oder den Globulinkörnern anhaften konnten, wurde für die letzteren neun von uns untersuchten Fälle eine andere Methode gebraucht, die unserer Ansicht nach als absolut einwandsfrei angesehen werden muss.

Nachdem das Sperma unter den genannten Kautelen aus den Samenbläschen ausgepresst war, wurden die Spermakörner, und zwar die grössten und ihrer Form nach am besten konservierten, nachdem dieselben im sterilen Wasser gut ausgewaschen waren, in Alcohol absolutus zur Härtung eingelegt, darauf in Celloidin eingebettet und geschnitten. In dieser Weise gelang es uns die gewöhnlich würstchenförmigen oder runden Spermakörner in demselben Zustande zur mikroskopischen Untersuchung zu bekommen, wie sie in den Samenbläschen vorkommen, und lässt sich eine jede Beimischung von Eiterkörperchen oder Gonokokken aus der Harnröhre wie auch aus der Prostata mit vollkommener Sicherheit und Gewissheit kontrollieren und auch ausschliessen, wenn eben Gonokokken und Eiterkörperchen am Schnitte in der Globulinmasse eingebettet gefunden wurden.

Die Schnitte wurden dann nach der folgenden von Finger[58]) geprüften und empfohlenen Methode 10—15 Minuten in Boraxmethylenblaulösung (5,00 Borax und Methylenblau, 100,00 Aqua destillata) gefärbt, in $^1/_2\,^0/_0$ Essigsäure ganz kurz differenziert, in absolutem Alkohol entfärbt und entwässert, in Xylol aufgehellt und in Xylol-Kanadabalsam eingeschlossen.

Zur Sicherstellung der Diagnose, besonders in den Fällen, wo die Gonokokken infolge ihrer Lagerung oder Grösse, welche letztere sowohl durch den Härtungsprozess wie auch durch das Färben beeinträchtigt wird, hätten als zweifelhaft und unsicher angesehen werden können, wurde die Färbung nach Gram angewendet, und haben wir bei dieser letztgenannten Methode die von Steinschneider und Galewsky[59]) empfohlenen Zeitbestimmungen in allen Fällen genau befolgt. Anstatt einer Nachfärbung mit Bismarckbraun, wie sie Steinschneider und Galewsky empfehlen, durch welche aber eine Überfärbung sehr leicht eintritt, haben wir nach Fingers Empfehlung[52]) eine $1\,^0/_0$ wässerige Fuchsinlösung angewandt.

Die Untersuchung der Schnitte wurde mit einer Homogenimmersionslinse Zeiss $^1/_{12}$ und den Okularen $3 = {}^1/_{370}$ resp. Okular $4 = {}^1/_{925}$ gemacht.

III.
Kasuistik.

Fall I. J. E. 28 Jahre alt.

Anamnese. Vor 6 Jahren Urethritis acuta (I. Tripper) mit Epididymitis dextra kompliziert. Vor 1½ Jahren wieder Tripper mit Symptomen von Urethritis posterior und rechtsseitiger Nebenhodenanschwellung. Der linke Hoden (18 5/III 97) empfindlich, wenig vergrössert.

5./III. Nach Massage der Prostata einige Tropfen Prostatasekret, das etwas Epithelzellen, spärliche *Eiterkörperchen* und sowohl extra- wie auch intracellulär gelagerte *Gonokokken* enthält, die sich nach Gram entfärben.

Nach Auspressen der Samenbläschen wird kein Sperma direkt gewonnen, in dem nachher entleerten Urin finden sich aber reichliche würstchenförmige Samenkörner, die im sterilen Wasser gründlich ausgewaschen werden, um alle Harnreste und Prostatasekret zu entfernen.

Diese Samenkörner, die direkt auf den Objektträger gebracht werden, enthalten reichliche Spermatozoen und vereinzelte *Eiterkörperchen*. Gonokokken sind in denselben nicht nachweisbar.

Fall II. F. W. 26 Jahre alt.

Anamnese. I. Tripper vor fünf Jahren mit Epididymitis dextra kompliziert. II. Tripper vor 2½ Jahren. Im Harne, in der ersten Portion, kleine leichte Fäden, die zweite Portion vollkommen klar.

5./III. Nach der Prostatamassage kein Sekret. Der nachher gelassene Harn, der von Prostatasekret getrübt ist, wird nach Zusatz von etwas Formalinlösung filtriert, und der Rückstand, das Prostatasekret, mit Methylenblau gefärbt, enthält einige Spermatozoen, Epithelzellen, spärliche *Eiterkörperchen* und *Gonokokken*.

Beim Ausdrücken der Samenbläschen wird kein Samen direkt gewonnen, in dem daraufgelassenen Harne finden sich reichliche wohlgebildete Spermakugeln, die mit sterilem Wasser ausgewaschen werden. Diese enthalten reichliche Spermatozoen, etwas Epithelzellen und *Eiterkörperchen* mit Diplokokken, die sich nach Gram entfärben *(Gonokokken)*.

Fall III. F. M. 29 Jahre alt.

Anamnese. I. Tripper im Jahre 1892 (?) mit Urethritis posterior. Seither drei Recidive subakuter Urethrocystitis, die zwei letzteren im vorigen Jahre und heuer, die a priori als solche auftreten nach vorangegangenem Coitus.

9./III. Bei Massage der Prostata ein paar Tropfen Sekret, das einige Epithelzellen, *Eiterkörperchen* und auch *Gonokokken* enthält.

In dem nach der Massage der Prostata entleerten Harne finden sich deutliche Spermakugeln, die, nach Auswaschen in sterilem Wasser, direkt auf den Objektträger aufgenommen werden. Diese Spermakörner enthalten etwas Spermatozoen, vereinzelte *Eiterkörperchen* und Diplokokken, die sich nach Gram entfärben *(Gonokokken)*.

Fall IV. J. B. 28 Jahre alt.

Anamnese. I. Tripper, infiziert 14/I. 1897, mit Urethritis posterior kombiniert.

9./III. Nach Massage der Prostata etwas Prostatasekret, in welchem *Eiterkörperchen* und reichlich, auch intracellulär gelagerte *Gonokokken* gefunden werden. Keine Epithelzellen oder Spermatozoen sind in dem Präparate nachzuweisen.

Beim Ausdrücken der Samenbläschen entleeren sich aus der Harnröhrenmündung einige Tropfen Sperma (A) und in dem Wasser, womit nachträglich die Blase ausgespült wird, sind reichliche, wohlgebildete Spermakörner (B).

A. Enthält reichliche *Gonokokken*, Epithelzellen und *Eiterkörperchen*, aber keine Spermatozoen.

B. Die Spermakörner, mit sterilem Wasser abgespült, werden zwischen zwei Objektträger zerdrückt, fixiert und gefärbt und enthalten reichlich Spermatozoen, wenig Epithelzellen und *Eiterkörperchen*, mit zahlreichen, typischen intracellulären *Gonokokken*, die sich nach Gram entfärben.

Fall V. L. M. 32 Jahre alt.

Anamnese. I. Tripper vor 11 Jahren, nur Urethritis anterior. II. Tripper im Oktober 1896 mit Urethritis posterior. Keine Epididymitis.

30./III. Nach Massage der Prostata ein Sekret, das reichlich Fetzen und etwas Blut enthält. In dem nachher gelassenen Harne ebenfalls grosse Fetzen. Bei mikroskopischer Untersuchung besteht das Sekret zum grössten Teile aus Schleim mit einzelnen Spermatozoen und *Eiterkörperchen*. Epithelzellen oder Gonokokken sind in dem Sekrete nicht nachzuweisen.

Bei Massage der Samenbläschen wird ein flüssiges, klares Sekret ohne Fetzen erhalten und in demselben können zahlreiche Spermatozoen, reichlich *Eiterkörperchen* und typische, intracelluläre *Gonokokken* nachgewiesen werden.

Fall VI. H. L. 24 Jahre alt.

Anamnese. I. Tripper vor zwei Jahren mit linksseitiger Epididymitis kompliziert. Der Urin in beiden Portionen klar. Der Patient klagt, dass er jeden Morgen, und besonders bei trägem Stuhlgange, einen wasserklaren Tropfen aus der Harnröhre auspressen kann.

5./III. Bei Massage der Prostata werden einige Tropfen Prostatasekret gewonnen, das reichliche *Eiterkörperchen*, Epithelzellen und vereinzelte Spermatozoen enthält.

Nach Auspressen der Samenbläschen wird kein Sperma direkt gewonnen. Da die Blase vorher ganz entleert war, wird dieselbe mit sterilem Wasser gefüllt, das der Patient gleich entleert. Die Spülflüssigkeit, die von Sperma getrübt ist, wird filtriert und enthält der Samen reichlich Spermatozoen und *Eiterkörperchen* und einzelne Epithelzellen. Gonokokken konnten in demselben nicht nachgewiesen werden.

Fall VII. A. O. 27. Jahre alt.

Anamnese. I. Tripper, infiziert vor 9 Monaten. Keine Epididymitis, aber Urethritis posterior und Prostatitis.

10./III. Bei der Massage der Prostata wurden auch die Samenbläschen zugleich ausgepresst und in dem gewonnenen Sekrete fanden sich reichliche Spermakugeln, die nach Auswaschen in sterilem Wasser in Alcohol absolutus eingelegt wurden.

In der direkt untersuchten Flüssigkeit fanden sich reichliche Spermatozoen, aber keine Eiterkörperchen oder Gonokokken.

Die in Alkohol gehärteten Samenkörner wurden in Celloidin eingebettet und geschnitten und in den Schnitten fanden sich viele Spermatozoen, reichlich *Eiterkörperchen* und *typische Gonokokken* samt ganz vereinzelten Epithelzellen.

Fall VIII. K. Ö. 32 Jahre alt.

Urethritis chronica posterior. Keine Epididymitis.

4./III. Bei Massage der Prostata wurde ein paar Tropfen Sekret gewonnen, in welchem reichlich *Eiterkörperchen* und recht viele, auch intracellulär gelagerte, *Gonokokken* nachgewiesen werden konnten.

Sperma konnte durch Ausdrücken der Samenbläschen nicht erhalten werden, wahrscheinlich weil der Patient in der vergangenen Nacht Pollution gehabt hatte.

1./IV. Die Prostata wird wieder massiert und in dem gewonnenen Sekrete finden sich reichlich *Eiterkörperchen* und typische *Gonokokken.* Keine Spermatozoen im Präparate nachweisbar.

Nach der Massage der Samenbläschen wurde die vom Patienten - vorher entleerte Blase mit Aq. dest. ausgespült und die in der Spülflüssigkeit befindlichen runden oder wurstförmigen Samenkörner wurden teils in Alcohol absolutus eingelegt, teils direkt auf den Objektträger aufgenommen, fixiert und gefärbt.

Sowohl die Schnitte, wie auch die direkt zur Untersuchung aufgenommenen Spermakugeln enthalten spärliche Spermatozoen, *Eiterkörperchen* und ziemlich reichlich Diplokokken (*Gonokokken*) die sich nach Gram entfärben.

Fall IX. A. S. 29 Jahre alt.

Anamnese. Hat dreimal Urethritis acuta gehabt, die zwei letzteren mit Epididymitis sinistra kompliziert.

9./IV. Kein Prostatasekret nach Massage der Vorsteherdrüse, nach Ausdrücken der Samenbläschen reichlich Sperma mit wohlgebildeten Samenkörnern, die nach Auswaschen in sterilem Wasser in Alkohol gehärtet und in Celloidin eingebettet werden.

Die Schnitte enthalten ganz vereinzelte Spermatozoen und ziemlich viele *Eiterkörperchen.* Gonokokken konnten nicht nachgewiesen werden.

Fall X. F. S. 39 Jahre alt.

Anamnese. Leidet seit sechs Jahren an den Folgen seines damals aequirierten Trippers. Seitdem keine neue Ansteckung. Keine Epididymitis. Symptome von Urethritis posterior den 22./VI. 1896.

9./IV. Nach Massage der Prostata wurde ein Paar Tropfen Sekret gewonnen, in welchem zahlreiche Spermatozoen und *Eiterkörperchen,* aber keine Gonokokken nachgewiesen werden konnten.

In dem nach dem Auspressen der Samenbläschen entleerten Harne grosse runde, glatte Spermakörner die in Alcohol absolutus gehärtet, in Celloidin eingebettet werden.

Die Schnitte enthalten reichlich Spermatozoen, ziemlich viele *Eiterkörperchen* und vollkommen typische *Gonokokken,* die nach Gram entfärbt werden.

Fall XI. W. E. 20 Jahre alt.

Anamnese. I. Tripper, infiziert vor ca. acht Monaten. Keine Epididymitis, aber Symptome von Urethritis posterior.

12./IV. Da aus der Prostata kein Sekret durch die Massage direkt aus der Harnröhre gewonnen wurde, werden die Samenbläschen ausgedrückt. In dem daraufgelassenen Harne, der vom Prostatasekret leicht getrübt war, kein Sperma.

26./IV. Im Urin, ohne vorhergegangene Massage, reichlich wohlgebildete, würstchenförmige Samenkörner, die in sterilem Wasser abgespült, in Alcohol absolutus eingelegt werden.

Die Schnitte enthalten keine Gonokokken, aber vereinzelte *Eiterkörperchen,* einige Epithelzellen und reichlich Spermatozoen.

Fall XII. M. 36 Jahre alt.

Urethritis chronica anterior et posterior. Keine Epididymitis.

14./IV. Nach Massage der Prostata kein Sekret. Hierauf werden die Samenbläschen ausgedrückt und in dem daraufgelassenen Harne finden sich reichlich würstchenförmige Samenkörner, die in Alkohol eingelegt werden. Celloidineinbettung.

Die Schnitte enthalten spärliche Spermatozoen, einzelne Epithelzellen und Gruppen von *Eiterkörperchen* mit sowohl extra-, wie auch intracellulär gelagerten, *typischen Gonokokken*, die sich nach Gram entfärben.

Fall XIII. A. K. 32 Jahre alt.

Anamnese. Hat angeblich fünf Tripper durchgemacht, vor vier Jahren Epididymitis sinistra.

28./IV. Nach Massage der Prostata kein Sekret, beim Ausdrücken des rechten Samenbläschens wird reichlich Sperma gewonnen. In dem daraufgelassenen Harne ebenfalls Sperma und wohlgebildete Samenkugeln, die nach Auswaschen in sterilem Wasser in absoluten Alkohol eingelegt werden. Celloidineinbettung.

Die Schnitte enthalten reichlich Spermatozoen, vereinzelte Epithelien und polynucleare *Eiterzellen,* aber keine Gonokokken.

Fall XIV. E. P. 37 Jahre alt.

Anamnese. I. Tripper im Jahre 1879 mit Epididymitis sinistra kompliziert. II. Tripper im Jahre 1884 und III. Tripper im Jahre 1896 mit Symptomen von Urethritis posterior. Prostatitis. Neurasthenia sexualis.

5./V. Die Samenbläschen werden ausgedrückt und die erhaltenen Spermakörner werden in Alkohol gehärtet, in Celloidin eingebettet.

Die Schnitte enthalten ganz vereinzelte Spermatozoen und *Eiterkörperchen,* aber keine Gonokokken.

Fall XV. A. E. 19 Jahre alt.

Anamnese. I. Tripper im Winter 1895, nur Urethritis anterior. Im Frühjahre 1896 II. (?) Tripper mit Urethritis posterior, welche im Februar 1897 recidivierte. Keine Epididymitis oder Cystitis.

9./V. Nach Massage der Prostata, durch welche kein Sekret aus der Vorsteherdrüse gewonnen wurde, werden die Samenbläschen ausgedrückt. Die mit dem Urin entleerten Samenkörner werden in Alkohol gehärtet, in Celloidin eingebettet und geschnitten.

Die Schnitte enthalten reichlich Spermatozoen, *Eiterkörperchen* und Diplokokken *(Gonokokken),* die nach Gram entfärbt werden. Die Gonokokken sind sowohl in dem Centrum, wie auch, und vielleicht sogar reichlicher, in den peripheren Teilen der Samenkörner gelagert.

IV.
Untersuchungsresultate und Epikrise.

Die von uns untersuchten Fälle möchten wir zunächst in zwei Gruppen einteilen und zwar

1. diejenigen Fälle, in welchen im Verlaufe der Urethritis eine Epididymitis vorausgegangen ist, und
2. diejenigen, wo keine Komplikation, weder seitens der Nebenhoden, noch der Harnblase vorgekommen ist.

Zu der ersten Kategorie gehören die folgenden sechs Beobachtungen, nämlich die Fälle I, II, VI, IX, XIII und XIV, wovon in den Beobachtungen I und IX, die Epididymitis zwei verschiedene Male, und zwar im Falle I beide Nebenhoden akut erkrankt waren.

In diesen sechs Fällen fanden wir die Prostata gonorrhoisch erkrankt und wurden Gonokokken in dem Sekrete derselben nachgewiesen zweimal (Fälle I und II), in einem Falle (Fall VI), enthielt das Prostatasekret ausser Eiterkörperchen auch einzelne Spermatozoen. In den drei übrigen Fällen, die durch Epididymitis kompliziert waren, wurde das Prostatasekret nicht näher untersucht.

In dem Falle VI, wie auch in den Fällen II, V und X, konnten in dem aus der Prostata ausgepressten Sekrete auch vereinzelte Spermatozoen nachgewiesen werden. Man könnte hieraus vielleicht den Schluss ziehen, dass bei der auf die Prostata hinzielenden Massage auch die Samenblasen mit ausgedrückt wurden und somit geneigt sein, diese ganze Methode als nicht zuverlässig anzusehen und folglich dieselbe auch als nicht praktisch verwertbar zu betrachten. Es lässt sich aber die Gegenwart von Spermatozoen im Prostatasekrete durch eine Thatsache erklären, worauf Finger[60]) zuerst die Aufmerksamkeit gelenkt hat und die er auch anatomisch nachgewiesen hat.

Nach Finger sind nämlich die Ductus ejaculatorii keine glatten, einfachen Kanäle, sondern besitzen dieselben, insbesondere innerhalb der Prostata, zahlreiche Divertikel, die spitzwinklig in der Richtung gegen die Mündung, also in der Richtung des ejakulierten Samens, in den Ductus ejaculatorius ausmünden. In diesen Divertikeln ist es Finger gelungen, das Vorkommen von zahlreichen Spermatozoen nachzuweisen und lässt sich die Thatsache, dass in dem Prostatasekrete Spermatozoen vorkommen, sehr leicht hierdurch erklären. Durch die Verengerung der Mündungen der Ductus ejaculatorii, die durch die Entzündung der Prostata häufig zustande kommt, wird nämlich dem Samen bei der Ejakulation ein Hinderniss gesetzt, wodurch derselbe teilweise in die obengenannten Divertikel regurgitiert, und von wo derselbe sowohl durch die Massage wie auch, wie Finger hervorhebt, bei einem oder mehreren darauffolgenden Miktions- oder Defäkationsakten abgedrückt werden kann.

Betrachten wir näher die Resultate unserer Untersuchungen des Prostatasekretes, so finden wir in diesem in allen denjenigen Fällen, wo Spermatozoen nachgewiesen wurden, auch Eiterkörperchen. Es beweist dieses unzweifelhaft eine Erkrankung der Prostata und liegt es daher sehr nahe anzunehmen, dass wir in der That mit solchen Veränderungen des Ausmündungsteiles der Ductus ejaculatorii in diesen Fällen zu thun gehabt haben, wie sie Finger beschrieben hat. Für diese Annahme spricht auch weiter das Faktum, dass in allen den Fällen, wo Spermatozoen im Prostatasekrete da waren, die Zahl derselben eine auffallend geringere war als in dem später aus den Samenbläschen erhaltenen zweiten Sekrete, dem reinen Sperma.

In den unkomplizierten, zu der zweiten Gruppe gehörenden Beobachtungen konnten im Prostatasekrete Gonokokken nachgewiesen werden in den Fällen III, IV und VIII. In den Fällen V und X war die Prostata, obgleich Gonokokken in derselben nicht gefunden wurden, doch krankhaft verändert, was daraus zu ersehen ist, dass das Sekret Eiterkörperchen enthielt. Da das Mitergriffensein der Prostata von dem gonorrhoischen Prozesse schon längst bekannt und bewiesen ist, wie auch das Vorkommen der Gonokokken in diesem Organe vielfach bestätigt worden ist, wollen wir auf eine weitere Besprechung dieser Krankheit hier nicht näher eingehen, werden aber Gelegenheit haben, später diese Thatsache kurz zu berühren.

Betrachten wir also die Resultate, die uns die Untersuchungen des Samenblaseninhaltes gegeben haben.

In den von Nebenhodenentzündung komplizierten sechs Fällen ist es uns nur einmal (Fall II) gelungen Gonokokken im Samen nachzuweisen. In den übrigen fünf Fällen konnten, trotz sorgfältiger Untersuchung, keine Gonokokken gefunden werden, doch war der Zustand der Samenblasen sicher nicht normal. Es enthielt nämlich der Samen in allen diesen Fällen eine nicht geringe Menge Eiterzellen.

In den von Epididymitis resp. Cystitis unkompliziert verlaufenen neun Fällen gelang uns der Gonokokkennachweis in acht Fällen (die Beobachtungen III, IV, V, VII, VIII, X, XII, XV). Dass wir in allen diesen Fällen mit reinem Samenblaseninhalte, Sperma, zu thun gehabt haben, beweist das Vorkommen von zahlreichen Spermatozoen, die wir in allen unseren Fällen konstatieren konnten. In einigen Globulinkörnchen, die wir nicht näher angegeben haben, weil es uns in anderen von demselben Falle gelang Spermatozoen reichlich zu finden, vermissten wir die Spermatozoen entweder vollständig, oder waren dieselben in sehr spärlicher Zahl vorhanden. In diesen Fällen bestanden die betreffenden Globulinkörner aus einem polymorphen Substrate oder einer Masse, die sich teils zu Klümpchen oder Kugeln, teils und meistens zu einem aus feineren oder dickeren Faden bestehenden Netzwerke gebildet hatte, somit ganz das Bild zeigte, worauf A. Kollmann zuerst auf dem internationalen Kongresse in Berlin (1890) und später auf dem IV. Kongresse der deutschen dermatologischen Gesellschaft 1894 aufmerksam gemacht hat, und wodurch er das Samenbläschensekret beim Fehlen der Spermatozoen diagnostizieren will. Diese Beschaffenheit der Samenkörner und Beobachtung Kollmanns haben wir in vielen Fällen Gelegenheit gehabt zu konstatieren. In dem Falle XI, wo wir bei der ersten Untersuchung (am 12. April) weder Prostatasekret noch Sperma erhalten konnten, fanden wir bei der erneuerten Untersuchung (am 26. April) wohl keine Gonokokken, aber Eiterkörperchen im Samen.

Fassen wir das Resultat unserer Untersuchungen zusammen, so sehen wir, dass wir in neun Fällen von unseren fünfzehn Fällen, die wir untersucht haben, Gonokokken im Samen haben nachweisen können. Etwas was hierbei auffallend ist, und worauf wir besonders aufmerksam machen möchten, weil das im Gegensatze steht mit dem, was bisher allgemein angenommen und anerkannt wurde, ist, dass nur in einem dieser neun Fälle, eine vorausgegangene Epididymitis anamnestisch nachgewiesen werden konnte. Wohl hat Guelliot gesagt, dass eine akute Spermatocystitis entstehen kann ohne vorhergegangene Epididymitis, eine Thatsache, die ja auch durch die Beobachtung Gosselins (siehe [25]) p. 118) bestätigt ist, auch glaubt Rehfisch behaupten zu können, dass die Spermatocystitis das Primäre sei und dass die Erkrankung des Nebenhodens erst sekundär zustande komme, die meisten Autoren aber heben ausdrücklich hervor, dass eine Epididymitis der Spermatocystitis vorausgehen oder wenigstens zur selben Zeit da sein muss. Zur

Stellung der Diagnose einer Spermatocystitis genüge nämlich nicht nur die per rectum zu fühlende Vergrösserung und Schmerzhaftigkeit der Samenbläschen, sondern dazu gehöre noch der Nachweis einer bestehenden oder kurz vorher bestandenen Epididymitis. Erst dann wäre die Spermatocystitis mit voller Sicherheit zu diagnostizieren. Dass eine Spermatocystitis als primäre Erkrankung ohne vorausgegangene Epididymitis entstehen kann, beweisen aber unsere Untersuchungen; sie zeigen sogar, dass die Spermatocystitis am häufigsten entsteht, ohne dass der Nebenhoden an dem gonorrhoischen Prozesse teilnimmt. Auf Grund dieser unserer Beobachtungen wären wir mehr geneigt, uns der Ansicht Rehfischs anzuschliessen, eine Ansicht, die auch Jordan Lloyd als die seinige erklärt. Er hält es nämlich für wahrscheinlicher, dass der gonorrhoische Prozess, sich längs der Ductus ejaculatorii propagierend, häufiger und auch schneller die Samenbläschen erreichen wird als die viel weiter und entfernter liegenden Nebenhoden.

Dass umgekehrt wieder jeder Epididymitis eine Spermatocystitis vorausgegangen sein muss, möchten wir doch nicht behaupten, sondern glauben wir, dass diese zwei Krankheiten sowohl vereinigt und zu gleicher Zeit vorkommen können, dass dieselben aber auch jede für sich und von einander unabhängig entstehen können.

Bei der schon früher erwähnten Diskussion auf dem IV. Dermatologenkongresse (1894) sagt Lang: „Dass eine Entzündung der Samenbläschen sich an eine Prostatitis anschliesst, kommt wohl selten vor." Wir möchten auf Grund unserer Untersuchungen das Gegenteil behaupten. In vier Fällen ist es uns nämlich möglich gewesen, sowohl im Prostatasekrete wie im Sperma Gonokokken nachzuweisen und somit die gleichzeitige gonorrhoische Erkrankung beider dieser Organe, was auch v. Petersen in sieben seiner acht Fälle beobachtet hat, zu beweisen. Welches von diesen beiden Organen das zuerst erkrankte war, geht wohl aus unseren Beobachtungen nicht hervor, doch liegt es ohne Zweifel am nächsten anzunehmen, dass die Prostata das primär erkrankte war und dass die Samenbläschen erst sekundär angegriffen wurden. Dass die Samenbläschen, ohne dass der hintere Teil der Harnröhre an dem gonorrhoischen Prozesse teilnimmt, also bei einer akuten Urethritis primär, erkranken können, ist unserer Ansicht nach kaum wahrscheinlich und geben uns unsere Untersuchungen über diese Frage keinen Anhaltspunkt. Für diese Möglichkeit sprechen aber die Beobachtungen Jadassohns.[61]) Er berichtet nämlich über zwei Fälle von Epididymitis, die bei Personen entstand, die im Verlaufe der Gonorrhöe keine Symptome einer Urethritis posterior oder Prostatitis dargeboten hatten, bei welchen man auch nicht imstande gewesen war Gonokokken aus der hinteren Harnröhre nachzuweisen. Wenn also die Gonokokken einmal die Pars posterior passieren könnten, ohne daselbst irgend welche entzündliche Erscheinungen hervorzurufen, was uns kaum wahrscheinlich vorkommt, woran aber Neisser „nicht zweifeln möchte", und in die Epididymitis gelangen können, umso eher müsste man, unserer Ansicht nach, annehmen dürfen, dass dieselben zu den viel näher gelegenen Samenbläschen ihren Weg finden würden. Leider geht aus der Mitteilung Jadassohns nicht hervor, ob die Samenblasen in den betreffenden Fällen gesund oder auch miterkrankt waren. Im letzteren Falle wäre die Entstehung der Epididymitis vielleicht als aus einer bestehenden Spermatocystitis hervorgegangen zu betrachten.

Wenn somit die rein gonorrhoische Erkrankung der Samenbläschen und das Einwandern der Gonokokken in dieselben hiermit zur Fülle bewiesen ist, bleibt uns noch übrig die Konsequenzen dieser Thatsache zu besprechen und diejenigen Massnahmen zu diskutieren, die sich als Folgen dieser Krankheit ergeben und zu berücksichtigen sind.

Dass ein Mann, der Gonokokken in seinen Samenbläschen beherbergt, nicht als gesund angesehen werden kann, ist ja ohne weiteres klar und einleuchtend, wie es ja auch selbstverständlich ist, dass ihm, wegen der Gefahr der Übertragung, die Ehe, wie auch überhaupt das Koitieren mit einer gesunden, gonorrhoisch nicht erkrankten Frau, nicht gestattet werden kann. Doch nicht nur für das weibliche Individuum, mit welchem er geschlechtlich verkehrt, sondern auch für ihn selbst ist das Vorkommen der Gonokokken in den Samenbläschen von grosser Bedeutung insofern, dass er, besonders nach Excessen in Venere, wie auch nach Pollutionen, oder wenn eine Miktions- oder Defäkationsspermatorrhöe zugleich bei ihm besteht, immer der Gefahr ausgesetzt sein kann, von einem Recidiv seiner alten Urethritis mit allen gewöhnlichen Komplikationen befallen zu werden. Wir sagen hier absichtlich nicht, dass die Gonokokken, aus den Samenbläschen durch irgend eine Ursache in die Urethra herausbefördert, immer eine akute Erkrankung der Harnröhrenschleimhaut erzeugen müssen. Es giebt ja, wie bekannt, Fälle, wo die Schleimhaut des Individuums sich an die, auf oder in derselben befindlichen und ebenfalls an die neuen, aus diesen weitergezüchteten Gonokokken so gewöhnt, dass dieselben eine akute Gonorrhöe bei dem betreffenden Individuum nicht hervorrufen können, somit die Schleimhäute für diese Gonokokken immun geworden sind, sondern eine neue Infektion, eine neue Einwanderung fremder Gonokokken notwendig ist, um einen Tripper zu erzeugen. Diese Ansicht, die Neisser in seinem Vortrage „Zur Bedeutung der gonorrhoischen Prostatitis"[62]) geäussert hat, kann wohl mit demselben Rechte auch auf die gonorrhoische Spermatocystitis ihre Anwendung finden.

Auch bei der Entstehung einer akuten Epididymitis in den Fällen, wo eine gleichzeitige gonorrhoische Erkrankung der Urethra oder Prostata nicht mehr vorkommt, müssen die in den Samenbläschen befindlichen Gonokokken eine ätiologische Rolle spielen, eine wirksame Thätigkeit entfalten können, wie es ja auch anzunehmen ist, dass ein grosser Teil jener immer recidivierenden, unheilbaren Urethritiden auf eine chronische, durch das Vorkommen der Gonokokken bedingte Inflammation nicht nur der Prostata, worauf schon früher aufmerksam gemacht worden ist, sondern auch der Samenbläschen zurückzuführen ist.

Es muss also, aus allen diesen Gründen, für die Zukunft unsere Aufgabe werden, in jedem Falle von länger dauernder Gonorrhöe, sei es, dass dieselbe durch Epididymitis, Prostatitis oder Cystitis kompliziert war, oder nicht, nicht nur die Prostata, sondern auch die Samenbläschen auf Gonokokken zu untersuchen. Es wird das umsomehr von jetzt ab unsere Pflicht, besonders vor Erteilung des Ehekonsenses, werden, da wir eine Methode, die Spermatocystitis auch in den oft schleichend verlaufenden, katarrhalischen Formen zu diagnostizieren gegeben haben, eine Methode, die sowohl nach einiger Übung schnell erlernt wird und zuverlässige Resultate giebt, wie auch in jedem Verhältnisse und von jedem Arzte verwendet werden kann und auch von dem Patienten sehr gut vertragen wird.

Das von uns gebrauchte Verfahren, die Samenkörner zu härten und zu schneiden ist wohl für den praktischen Arzt zu kompliziert, fordert auch sowohl Apparate wie auch zuviel Zeit, um zur allgemeinen Verwendung zu gelangen. Für gewöhnliche Untersuchungen genügt, unserer Ansicht nach, die erste von uns gebrauchte Methode, durch welche die Erkrankung der Samenbläschen durch den Eitergehalt des Sperma und der Nachweis von Gonokokken im Samen sehr gut zu konstatieren ist. Nur muss man, um einwandsfreie Resultate zu erhalten, sehr viel Gewicht darauf legen, die verschiedenen Sekrete, das Prostatasekret und das Sperma, möglichst zu differenzieren, was ohne Schwierigkeit gelingt, wenn man das von uns gebrauchte und beschriebene Verfahren genau befolgt und immer trachtet, erstens das Prostatasekret thunlichst vollständig zu exprimieren und zweitens die Harnröhre sowohl vor der Untersuchung, wie auch nach der Massage der Prostata, möglichst reingespült zu bekommen.

V.
Pathologische Anatomie.

Unter den Krankheiten der Samenbläschen erwähnt Albers (1833)[5]) zuerst die Entzündung derselben, wovon er zwei verschiedene Formen gesehen haben will, die seltenere akute und die häufiger vorkommende chronische Spermatocystitis. Über diejenigen pathologisch-anatomischen Veränderungen, die die verschiedenen Formen dieser Krankheit kennzeichnen sollten, äussert er sich aber nicht.

Zu diesen zwei obengenannten Arten fügte Delfau (1880)[20]) noch eine Zwischenform, die subakute Spermatocystitis, und gab somit eine Einteilung dieser Krankheit, die auch Lloyd (1891)[40]) in seinem Aufsatze beibehält, die aber aus vielen Gründen, zu welchen wir noch später zurückkommen werden, sowohl klinisch wie auch pathologisch-anatomisch unhaltbar ist.

Zu der akuten Form der Spermatocystitis wurden bisher im allgemeinen die Fälle gezählt, wo der Gang der Krankheit einen raschen akuten Verlauf nahm und sich durch eine Vereiterung, nicht nur des Inhaltes der Samenbläschen, sondern auch der Wandungen des Organes kennzeichnete. Über die anatomischen Veränderungen und Läsionen bei diesen Fällen, die teils als zufällige Befunde beobachtet worden sind, teils aber auch von der Beschaffenheit gewesen sind, dass sie nicht nur ernste klinische Symptome dargeboten, sondern oft sogar zu operativen Eingriffen

Veranlassung gegeben haben, geben die relativ spärlichen Sektionsfälle keinen näheren Aufschluss.

Den ersten diesbezüglichen Fall, wenn wir von den zwei Fällen Morgagnis absehen, wo er die Vesiculae seminales in hohem Grade geschrumpft gefunden hatte, bei Männern, die lange Zeit an Tripper gelitten hatten, finden wir bei Gaussail (1831)[4]), welcher die Beschaffenheit der Samenbläschen und des Vas deferens folgendermassen beschreibt: „Vésicules séminales très augmentées et d'une résistance remarquable: dans leur intérieure grande quantité de matière blanc jaunâtre granulée: canaux déférents hypertrophiés dans toute leur longueur, parois vascularisées; leur cavité est diminuée par une substance absolument semblable à celles des vésicules."

Das Aussehen der Samenbläschen bei der Vereiterung beschreibt auch Naumann (1837).[2]) Nach ihm „erhält die innere Oberfläche der Samenbläschen ein granulierendes Ansehen, und der Eiter selbst wird in den Vertiefungen des netzförmigen Gewebes abgelagert; es können aber auch, besonders in den Mündungen der erweiterten Ausführungsgänge kleine, linsen- oder erbsengrosse Abscesse gebildet werden. Bei fortdauernder Eiterung wird bisweilen der Ausführungsgang mit koagulabler Lymphe verschlossen; der Eiter sammelt sich dann in der Höhle des Organes an, dessen Wandungen zugleich dicker und härter werden".

Bei einem Manne, der lange Zeit an Tripper und an Harnbeschwerden gelitten hatte, fand Stoll[89]), dass die „Vesicula seminalis sinistra pure plena fuit, ipsa ex membranis duris, crassisque et hinc inde inflammatis composita."

Über vier Fälle von Samenblasenvereiterung nach vorausgegangenem Tripper berichtet Lallemand.[7]) In einem Falle war das eine Samenbläschen klein, das andere dislociert, atrophisch, und von einem dichten, fibrösen, schwer zu durchschneidendem Gewebe umgeben, in dem zweiten Falle waren die Samenbläschen

„ausgedehnt, an den Wänden dick und dicht, in jedem derselben ein Löffel voll dicken und gelblichen Eiters, der in drei oder vier unter einander sowohl, als mit den Ausspritzungskanälen in Verbindung stehenden Höhlen eingeschlossen war; die Oberfläche dieses Suppurationsherdes rauh, ungleich, mit einer Pseudomembran belegt, die sich aus einer Lage dicken Eiters gebildet hatte." In dem dritten Falle waren die Samenbläschen verdickt, und in dem vierten Falle war das eine Samenbläschen „mit Eiter erfüllt, seine Wandungen hart, dick und entzündet, an verschiedenen Punkten die Ductus ejaculatorii weiter als normal".

In dem Falle Marcé's (1854)[9]) fanden sich in dem Inhalte der erkrankten Samenblase Eiterkörperchen und Epithelzellen, und in dem von Godard (1856)[12]) veröffentlichten Falle, wo eine Epididymitis zugleich bestand, war das Samenbläschen auf der der erkrankten Epididymis entsprechenden Seite beträchtlich verkleinert und enthielt keine Spermatozoen.

Eiterkörperchen konnten in dem von Peter (1856)[10]) publizierten Falle, wo ebenfalls eine Epididymitis vorausgegangen war, in dem dem erkrankten Nebenhoden entsprechenden, vergrösserten und in dessen Wänden verdickten Samenbläschen nachgewiesen werden, ebenso in dem Falle Laborde's (1859)[13]), wo ausser Eiterzellen auch Globulinkörner, aber keine Spermatozoen zu finden waren.

In der von Hardy (1860)[14]) mitgeteilten Beobachtung konnte aus dem vergrösserten und harten linksseitigen Samenbläschen eine sanguinolente Flüssigkeit entleert werden.

In einem von Velpeau (1857)[11]) publizierten Berichte über 48 Fälle von Orchitis, von welchen 46 geheilt wurden, einer als ungeheilt entlassen wurde und einer infolge einer Peritonitis starb, finden wir die Beschreibung der von dem letztgenannten Falle herrührenden erkrankten Samenbläschen. Diese waren beide in einem Stadium akuter suppurativer Entzündung und waren auch die Ursache der Peritonitis gewesen.

In dem Falle Purser's (1877)[19]), wo eine alte Inflammation des rechten Samenbläschens gefunden wurde, waren die Wände verdickt, ulceriert und die Höhle der Samenblase mit Eiter erfüllt, in welchem zahlreiche Mikrokokken gefunden wurden.

Die erste Beobachtung, wo eine genauere, mikroskopische Untersuchung des inflammierten Samenbläschens gemacht worden ist, finden wir bei Guelliot.[25]) Der Fall betraf einen 26 Jahre alten Mann, der wegen Tuberkulose, der er auch erlag, im Januar 1881 im Hôpital de la Pitié in Paris aufgenommen wurde. Im August 1880 hatte er einen Tripper acquiriert und hatte er noch zur Zeit seiner Aufnahme in das Krankenhaus einen Ausfluss aus der Harnröhre. Die Nebenhoden wurden bei der Autopsie gesund gefunden, die Prostata, von normaler Grösse, war auf der Oberfläche vascularisiert und entleerte bei Druck, besonders aus ihrer rechten Hälfte, eine graue, Leucocythen enthaltende Flüssigkeit. Die Beschaffenheit der Samenbläschen und das Resultat, das die Untersuchung derselben gab, beschreibt Guelliot (l. c. p. 124) wie folgt:

„Les vésicules séminales sont volumineuses, bien lobulées, se séparent facilement du tissu ambiant. Leur face externe est très vascularisée, d'une teinte rouge pâle dans toute son étendue, sauf près du col, où cette coloration devient violacée.

A la coupe, les alveoles présentent un aspect à peu près normal, sauf quelques arborisations, beaucoup moins nombreuses et moins volumineuses que celles qui rampent dans l'interstice des circonvolutions. Leur contenu ressemble beaucoup plus à du pus qu'à du sperme.

Examen microscopique. Le liquide de la vésicule droite est puriforme, très épais, s'écoulant difficilement. On y trouve des leucocytes extrèmement nombreux, de rares sympexions et quelques globules rouges; il n'y a pas traces de spermatozoïdes. A gauche, liquide analogue, moins épais et plus jaune, renfermant exactement les mêmes éléments: les globules blancs sont seulement en proportion un peu moins considérable.

Ce qui frappe tout d'abord sur les coupes de la vésicule, c'est le développement anormal des saillies de la face interne, qui ressemblent absolument à des franges synoviales, dont quelques-unes atteignent près de 2 millimètres, de sorte que, même à l'œil nu, elles forment une élégante dentelure autour de la cavité centrale. Les villosités se sont renflées, ont végété: les plus grosses se sont anastomosées avec leur voisines de façon à limiter des aréoles de plus ou moins larges.*) La muqueuse est épaissie de près du double de sa largeur normale; les cellules embryonnaires sont nombreuses à sa face interne, et les vaisseaux, si difficiles à voir habituellement, apparaissent nettement dans son épaisseur et jusqu'au voisinage de sa surface interne, en grande partie desquamée; on peut même suivre des capillaires qui pénètrent dans l'axe de quelques villosités: en somme, il y a une inflammation végétante et suppurative de cette membrane."

Auch das makroskopische Aussehen der chronisch entzündeten Samenbläschen beschreibt Guelliot. Bei dem einen Falle, einen 80 jährigen Mann betreffend, war eine Gonorrhöe mit Sicherheit auszuschliessen. Bei ihm waren die Samenbläschen vergrössert, das linke enthielt eine von roten Blutkörperchen braungefärbte Flüssigkeit, das rechte Samenbläschen war von einem muco-purulenten Inhalte, in welchem rote Blutkörperchen und zahlreiche Leucocythen gefunden wurden, erfüllt. In dem zweiten Falle, der an Lungentuberkulose zu Grunde ging und wo mehrere Blennorrhagieen

---

*) Diese Auffassung Guelliots, die kleineren Hohlräume im Innern des Samenbläschens als Produkte der Entzündung oder überhaupt als pathologische Gebilde anzusehen, müssen wir als entschieden falsch betrachten, denn ganz dieselben kleineren oder grösseren Maschen oder „Areolen" kommen in dem normalen Samenbläschen vor, wie wir uns durch Untersuchung von Schnitten vollkommen normaler Samenblasen haben überzeugen können.

und eine linksseitige Epididymitis vorausgegangen waren, war die rechte Vesicula seminalis gesund und in allen Teilen normal. Das linke Samenbläschen war verkleinert, und die Wände desselben verdickt, ausserdem aber war dasselbe der Sitz multipler Läsionen, die allem Anscheine nach kaum als von der Gonorrhöe hervorgerufen angesehen werden können.

Auf Grund eines in der Würzburger Sammlung befindlichen Präparates und eines von ihm bei einer Autopsie beobachteten Falles beschreibt Kocher (1887)[28]) die Veränderungen der Samenbläschen bei der akuten Spermatocystitis und sagt, dass man bei derselben die Vesiculae seminales vergrössert findet. In den zwei obengenannten Fällen waren die Samenbläschen ausserdem mit dickem Eiter gefüllt, „das Lumen stellte eine sehr unregelmässig buchtige Höhle dar, mit glatten oder fetzig unregelmässigen Wandungen."

Ausser diesen genannten Beobachtungen haben wir in der Litteratur keine weiteren, ausführlicheren Beschreibungen über die pathologisch-anatomischen Veränderungen der Samenbläschen bei der Spermatocystitis finden können. Es ist also die Zahl der untersuchten Fälle wohl sehr gering und über die uns interessierenden pathologischen Veränderungen geben diese Beobachtungen fast gar keinen oder wenigstens einen sehr mangelhaften, unvollständigen Begriff.

Ein desto grösseres Interesse und auch Wert dürfte daher der folgende Fall darbieten, den Professor Finger mir aus seinem, in dem pathologisch-histologischen Institute des Professor Weichselbaum gesammelten Material chronischer Gonorrhöe mit gütiger Erlaubnis Professor Weichselbaums zur Verfügung und Publikation gestellt hat und verdanke ich ihm auch sowohl die anamnestischen Daten, wie auch die Angaben über die Befunde bei der Sektion.

Der Fall, der einzige, in welchem makroskopische Veränderungen in dem Samenbläschen gefunden wurden unter den 120 untersuchten Leichen, wovon 31 Fälle Zeichen einer chronischen Urethritis zeigten und zwar 11 in der Urethra posterior, betraf einen 26 Jahre alten Gärtner E. F., der am 4. Mai 1890 an einer Influenza-Pneumonie zu Grunde ging.

Die Sektion ergab folgende, ganz zufällige Befunde:

In der Pars pendula und am Bulbus je eine leichte Striktur. Die Prostata entleerte an Eiterzellen reiches Sekret und zeigte histologisch die Erscheinungen chronischer, eitriger Prostatitis catarrhalis.

Der rechte Samenstrang verdickt, im rechten Nebenhoden ein derber, fibröser Knoten (alte Epididymitis).

Das rechte Samenbläschen, vom Rektum aus gesehen, grösser und mehr vorgewölbt als das linke. Bei Durchschnitt entleert sich aus den Windungen desselben ein eitriges, keine Spermatozoen enthaltendes Sekret. Die Windungen selbst sind erweitert, mit eitrigem Sekrete erfüllt.

Das linke Samenbläschen zeigt normalen Inhalt mit zahlreichen Spermatozoen.

Die mikroskopische Untersuchung der Schnitte (siehe Taf. I und II) ergiebt folgendes:

Das Lumen des Samenbläschens, wie auch die meisten kleineren Hohlräume desselben von einem Inhalte erfüllt, der überwiegend aus mononuklearen und spärlicheren polynuklearen, teilweise in Zerfall begriffenen Eiterzellen besteht. Ausserdem finden sich in diesem eitrigen Inhalte teils einzelne, teils in kleineren Gruppen oder Ketten angehäufte, von der Samenbläschenschleimhaut abgestossene Epithelzellen und kleine Globulinkörner. Spermatozoen lassen sich in dem Samenbläschen nirgends nachweisen.

Die Schleimhaut der grösseren Hohlräume, wie auch der kleineren von den Falten und dem Balkenwerke des Samenbläschens gebildeten Maschen ist von einer einschichtigen Lage kubischer Epithelzellen bedeckt, die teils noch sehr schön beibehalten sind, teils aber in einem Stadium der Loslösung begriffen oder schon gänzlich losgehoben sind. Unter dieser Lage kubischer Epithelzellen findet man stellenweise, und besonders an den Stellen, wo die Zellen sich in Abstossung befinden oder schon losgelöst sind, eine Schichte Ersatzzellen, die, je oberflächlicher sie sich finden, eine mehr platte Form annehmen, und an den Stellen, wo keine kubischen Zellen mehr zu sehen sind, besonders deutlich zum Vorschein kommen.

Das subepitheliale Bindegewebe zeigt fast überall, einige kleinere Maschen oder Aveolen ausgenommen, kleinzellige Infiltration, die aus überwiegend mononuklearen, sehr spärlichen polynuklearen Zellen besteht. Diese kleinzellige Infiltration, die besonders stellenweise sehr stark entwickelt ist, umfasst die ganze Mucosa, begrenzt sich aber überall scharf gegen das submuköse Bindegewebe ab, und kann ein Übergehen der Infiltration auf dieses nirgends wahrgenommen werden.

Die Drüsengänge und das dieselben umgebende Bindegewebe teils intakt, teils aber auch von einer kleinzelligen Infiltration ergriffen, die dazu geführt hat, dass die Drüsen stellenweise ein ganz verworrenes Bild darbieten oder gänzlich obliteriert und verödet sind.

Die Blutgefässe des Samenbläschens stark gefüllt und erweitert.

Es zeigt somit dieser Fall, wie ja auch die Beobachtung Guelliots, alle Zeichen einer oberflächlichen katarrhalischen Entzündung der die Höhlen des Samenbläschens bekleidenden Schleimhaut. In beiden diesen Fällen ist fast ausschliesslich die Schleimhaut der Sitz der Erkrankung und weder in der einen, noch der anderen dieser Beobachtungen finden wir einen tiefergreifenden, auf das submuköse Bindegewebe übergehenden Prozess, nirgends eine Tendenz zu einer Vereiterung, einer Abscedierung der Samenbläschenwandungen. Auch der Inhalt dieser beiden Samenbläschen ist derselbe und besteht aus Eiterkörperchen, Epithelzellen und Globulinkörnern, zeigt also fast dasselbe Bild wie der von uns aus den Samenbläschen durch die Massage ausgepresste Samen. Nur in einer Beziehung, in Bezug auf den Gehalt an Spermatozoen, ist der Inhalt der Samenbläschen, sowohl in unserem Falle, wie auch in der Beobachtung Guelliots, von dem Befunde, wie wir ihn bei unseren Patienten hatten, verschieden. In den Schnitten des Samenbläschens konnten wir, wie auch Guelliot in seinem Falle, keine Spermatozoen nachweisen, während wir bei unseren Patienten im Samen fast in allen Globulinkörnern solche in fast immer reichlicher Menge fanden.

Das Fehlen der Spermatozoen im Samenbläschen in unserem Falle ist ohne Zweifel auf die früher durchgemachte, rechtsseitige Epididymitis, wovon ja auch Residuen bei der Sektion im Nebenhoden gefunden wurden, wie auch der rechte Samenstrang Zeichen einer durchgemachten gonorrhoischen Erkrankung zeigte, zurückzuführen. Diese Nebenhodenentzündung ist zweifellos die Ursache einer vollständigen Azoospermie des ganzen linken Genitaltraktes gewesen.

In dem Falle Guelliots aber waren beide Nebenhoden vollkommen gesund, waren überhaupt, laut der Anamnese, nie der Sitz einer gonorrhoischen Entzündung gewesen. In diesem Falle war aber mit grösster Wahrscheinlichkeit die Entzündung eine intensivere gewesen und ist es wohl unzweifelhaft, dass wir in dieser Thatsache, wie auch in einer längeren Dauer einer Entzündung der Samenbläschenschleimhaut, was allem Anscheine nach hier der Fall war, Momente finden werden, die sowohl ein rasches Absterben der Samenfäden verursachen können, wie auch überhaupt ein Gedeihen der Spermatozoen im Samenbläschen unmöglich machen.

Dass wir bei unseren Patienten trotz des Bestehens einer Spermatocystitis doch Spermatozoen im Samen gefunden haben, beruht offenbar darauf, dass die Entzündung eine relativ frische, leichte und oberflächliche war, durch welche die Samenfädchen in ihrer Vitalität garnicht oder wenigstens nicht beträchtlich beeinflusst wurden.

Betrachten wir sowohl die von anderen publizierten Befunde in den Samenbläschen bei der gonorrhoischen Entzündung derselben, wie auch unsere Beobachtungen über die Spermatocystitis, ist es auffallend wie viele verschiedenartige Zustände der Samenbläschen bei dieser Krankheit angegeben werden, wie viele verschiedene Ausgänge eines und desselben Prozesses, der Gonorrhöe, wir in diesem Organe antreffen können. Vergleichen wir aber diese verschiedenen Veränderungen in den Samenbläschen mit denjenigen pathologisch-anatomischen Zuständen, wie sie in anderen Organen, wie z. B. schon teils in der Urethra, in der Prostata, z. T. auch in den Cowperschen Drüsen, vorgefunden und beschrieben worden sind, müssen wir gestehen, dass wir in allen diesen Fällen mit genau dem entsprechenden Prozesse zu thun haben, dass aber in den einzelnen Fällen nur verschiedene Grade oder Stadien derselben Krankheit vorliegen.

In unseren Beobachtungen der Spermatocystitis bei den Patienten, wie auch in dem zur Sektion gelangten Falle, haben wir ohne Zweifel die leichteste Art der Samenblasenentzündung. Diese Entzündung, durch das Eindringen der Gonokokken in die Vesiculae seminales hervorgerufen, hat sich auf die Samenblasenschleimhaut beschränkt, ohne in das tiefergelegene, submuköse Bindegewebe einzudringen, charakterisiert sich somit als ein oberflächlicher einfacher Katarrh, der dieselben Veränderungen zeigt, wie wir sie bei der akuten Gonorrhöe der Harnröhre vorfinden. Dieser Prozess, der entweder, wie oft in der Urethra, spontan ausheilen kann, oder auch, wie z. B. in dem secierten Falle einen chronischen Verlauf nehmen und die Ursache einer lange Zeit dauernden postgonorrhoischen Entzündung werden kann, ist ohne Zweifel auch in den Samenbläschen die am häufigsten vorkommende Art der gonorrhoischen Entzündung.

Einen schwereren Zustand der gonorrhoischen Samenblasenerkrankung zeigen die Fälle, wo eine Vereiterung der Samenblasenwandungen zustande kommt. Auch diese Art kann zweifellos durch eine Gonokokkeninvasion in die Vesiculae seminales hervorgerufen werden, doch muss man in diesen Fällen annehmen, dass hierbei die Infektion eine intensivere gewesen war, dass die Gonokokken virulentere Eigenschaften besassen, und teils daher, teils vielleicht auch infolge einer schwächeren Widerstandsfähigkeit des Bindegewebes leichter in dasselbe einzudringen vermochten, oder auch, dass die Vereiterung durch eine Mischinfektion von Gonokokken und Eitererreger bedingt wurde. Diese Vereiterung, durch irgend eine dieser Ursachen hervorgerufen, gehört, wie überhaupt die abscedierenden Formen, zu den Seltenheiten und Ausnahmen bei dem gonorrhoischen Prozesse, und kann entweder als ein wahrer Abscess der Samenbläschenwandung verlaufen, teils auch, wie z. B. in der gonorrhoischen Cowperitis, bei der Folliculitis der Prostata oder bei den paraurethralen oder präputialen Divertikeln, als ein sogenannter Pseudoabscess entstehen und sich weiter entwickeln. Dieser Pseudoabscess des Samenbläschens, der darum kein eigentlicher Abscess im wahren Sinne dieses Wortes darstellt, weil es sich ja nur um eine Ansammlung von Eiter in einem präformierten Lumen handelt, kann in folgender Weise entstehen. Durch die Entzündung der Samenbläschenschleimhaut wird der Inhalt des betreffenden Samenbläschens eitrig, die Schleimhaut selbst wird lockerer, schwillt an, und hierdurch wird auch die Mündung des Samenbläschens oder dessen Ausführungsgang in den Ductus ejaculatorius verengt und kann zuletzt gänzlich verlegt werden. Der eitrige Inhalt des Samenbläschens wird durch die fortdauernde Entzündung immer reichlicher, und füllt zuletzt das Samenbläschen so hochgradig an, dass wir eine pralle, gespannte Geschwulst vor uns haben. Dieser Tumor kann sich dann entweder so rückbilden, dass der Weg in den Ductus ejaculatorius wieder frei wird und der Eiter in die Urethra sich entleert, oder auch der eitrige Inhalt bricht durch die Samenblasenwand durch und drängt in das umgebende Zellgewebe ein, so, wie es mehrfach beobachtet worden ist, zur Entstehung einer Peritonitis Veranlassung gebend.

Durch diese sowohl oberflächlichere Entzündung wie durch die Vereiterung im Samenbläschen geht die epitheliale Bekleidung der Samenblasenschleimhaut allmählich zu Grunde, die Drüsen veröden und eine Neubildung von Bindegewebe findet, wie wir es in unseren Präparaten auch nachweisen konnten, statt. Dieses neugebildete Bindegewebe in dem Samenbläschen besitzt, wie überhaupt das infolge des gonorrhoischen Prozesses entstandene, eine ausgesprochene Tendenz zur Cirrhosierung. Die Samenbläschen werden daher in seinen Wandungen folglich immer dicker und schrumpfen, zeigen also zuletzt denjenigen Zustand, wie er von vielen Autoren bei der Sektion gefunden worden ist und auch richtig als Folgezustand einer abgelaufenen gonorrhoischen Entzündung beschrieben wurde.

Der Hauptsache nach finden wir also in dem Samenbläschen zwei von einander verschiedene Arten der Entzündung, von welchen die eine einen oberflächlichen, sich auf die Schleimhaut begrenzenden Typus darstellt, die andere aber eine ausgesprochene Tendenz besitzt auf das submuköse Bindegewebe zu übergehen und durch das Eindringen von Gonokokken oder durch eine Mischinfektion eine Vereiterung der Samenblasenwand zu erzeugen, oder auch zur Bildung eines Pseudoabscesses die Veranlassung zu geben. Es wäre daher unserer Ansicht nach richtiger, diese zwei Typen als für die gonorrhoische Spermatocystitis charakteristisch aufzustellen und die alte Einteilung dieser Krankheit in eine akute, subakute und chronische Form zu verlassen.

Diese von uns vorgeschlagene Einteilung steht ausserdem im vollen Einklange mit denjenigen Formen und Typen, wie wir sie schon bei den anderen gonorrhoisch erkrankten Organen haben, geben uns auch gleich eine Vorstellung über diejenigen Veränderungen, die uns in jedem Falle vorliegen, während die alte Einteilung uns nur über den Anfang und Verlauf der Spermatocystitis einigen Aufschluss gab, uns aber über die pathologisch-anatomischen Veränderungen des erkrankten Samenbläschens garnichts sagte. Da ausserdem, wie es ein jeder einsehen wird, die erste Einteilung es uns nicht erlaubt, alle verschiedenen Arten der Spermatocystitis in dieselbe einzureihen, weil sowohl die reine katarrhalische Entzündung wie auch die vereiternde Form der Spermatocystitis sowohl akut anfangen kann, wie auch andererseits von Anfang an beide Formen einen mehr chronischen Verlauf nehmen können, ist es wohl berechtigt, eine neue Klassifizierung der verschiedenen Typen der Spermatocystitis aufzustellen, und glauben wir, dass diese von uns angegebene Einteilung, der auch pathologisch-anatomische Thatsachen zu Grunde liegen und die wohl auch für klinische Zwecke genügen wird, die einzige richtige und brauchbare ist.

In wiefern diese zwei genannten Formen immer streng von einander zu unterscheiden sind und ob nicht Mischformen zu gleicher Zeit und in demselben Samenbläschen vorkommen, ist zur Zeit unmöglich mit voller Sicherheit zu entscheiden, unwahrscheinlich ist es doch nicht, dass ein Teil des Samenbläschens in einer oberflächlichen Weise erkranken kann, während ein anderer Teil z. B. einzelne Abschnitte oder kleinere Hohlräume von einer phlegmonösen Entzündung angegriffen werden können.

VI.
Symptome.

Die Symptome der Spermatocystitis sind von den meisten Autoren beschrieben worden.

Als für die Diagnose zu verwertende giebt Albers (1838)[6] ausser den allgemeinen Beschwerden, die wir schon früher erwähnt haben, folgende Erscheinungen an, die er als typisch für die Samenblasenerkrankungen ansehen will, nämlich

1. Entleerung glasartigen Schleimes und Samens, oder Eiters und Blutes beim Stuhlgange und nach dem Harnen.
2. Unangenehmes Gefühl beim Einbringen eines Bougies in die Pars prostatica.
3. Ziehender Schmerz im Verlaufe des Samenstranges.
4. Schmerzhaftes Spannen und Empfindlichkeit im Mittelfleische.
5. Vergrösserung und Empfindlichkeit der Samenbläschen bei Untersuchung durch den Mastdarm.
6. Eigentümliche hypochondrische Zufälle, Entstehung aus Onanie oder Tripper.
7. Hirnzufälle, wie Schwindel, Gedächtnisschwäche, Sopor oder Apoplexie.

Weil aber bei der gonorrhoischen Erkrankung der Samenblasen nicht nur diese, sondern auch die dieselben umgebenden und naheliegenden Organe fast immer miterkrankt sind, glaubt Naumann (1837)[2], dass die Symptome der Spermatocystitis nicht zu isolieren sind, und obgleich Rapin (1839)[15] ausdrücklich hervorhebt, dass die Samenblasen sehr selten von einer primitiven Entzündung ergriffen werden, sondern dass diese sich von den benachbarten Organen fortleitet, glaubt er doch die Symptome der Spermatocystitis angeben zu können, teilt dieselben sogar ein in lokale und allgemeine.

Nächst der per rectum zu machenden Untersuchung, bei welcher hinter der schmerzlosen Prostata eine Empfindlichkeit der Samenblasen wahrzunehmen sei, will Rapin das Hauptgewicht legen auf die häufigen Entleerungen von einem rot- bis rosagefärbten Sperma, welche Samenentleerungen meistens nachts stattfinden und gewöhnlich ohne Erektion erfolgen.

Humphry (1871)[17] hält die Diagnose der Spermatocystitis nur durch die rektale Untersuchung für möglich, weil die Symptome, die diese Krankheit erzeugt, ganz dieselben sind, wie bei der Prostatitis, oder, wie Delfau (1880)[20] sagt, von diesen markiert werden, Guelliot (1883)[23] aber will als ein sicheres Zeichen dieses Leidens die Hämospermie ansehen, besonders wenn diese mit Schmerzen verbunden ist.

Die Hämospermie, die schon von vielen Autoren früher besprochen worden ist und von den meisten als ein Zeichen der Erkrankung der Epididymitis galt, kann nach Guelliot nur von den erkrankten Samenblasen herrühren und stützt er seine Ansicht auf die von mehreren Verfassern wie Lallemand, Dolbeau, Humphry, diesbezüglich gemachten Äusserungen. Als Beweis dafür, dass die Hämospermie nicht von Erkrankungen des Nebenhodens herrühren kann, erwähnt er die Thatsachen, dass erstens die Hämospermie zu einer Zeit auftreten kann, wo noch keine Epididymitis vorhanden ist und zweitens weiter, dass man bei Autopsieen die Samenbläschens krank gefunden hat, während die Nebenhoden und das Vas deferens noch vollkommen gesund und intakt waren.

Die entzündeten Samenbläschen, die nach Neumann (1884)[26] bei Druck und bei der Defäkation schmerzhaft sind, rufen, nach ihm, oft spontane, gegen die Lenden und Kreuzgegend ausstrahlende Schmerzen hervor. „Häufig stellen sich schmerzhafte Erektionen (Priapismus) ein, während in anderen Fällen schon im Beginne der Entzündung bei den leichtesten Reizen, welche auf das Individuum einwirken, bei der geringsten Erregung der Geschlechtsorgane, Samenergüsse ohne Erektion folgen. Die Samenflüssigkeit selbst wird wässerig, dünnflüssig, die Samenfäden spärlich, es tritt fortwährendes Nässen aus der Urethra auf und schliesslich fehlen die Samenfäden vollständig. Ist Eiterung in den Samenbläschen eingetreten, so tritt oft unter hohen Fiebererscheinungen und den quälendsten Schmerzen Infiltration und Fistelbildung in der Umgebung auf, oder es entleert sich der Eiter in die Urethra und das ejakulierte Sperma ist mit Eiter gemischt."

Bei Besprechung der Prostatitis und Spermatocystitis als Komplikation chronischer Urethritis sagt Finger (1885)[27], dass „sowohl die Prostata als die Samenbläschen im Gefolge chronischer Urethritis in einer höchst insidiösen Weise erkranken, deren Beginn unmerklich und symptomenlos, bei längerem Bestande zu höchst lästigen lokalen und allgemeinen Erscheinungen führt."

Nach Horovitz (1889)[32], der auch die sekundäre, aber besonders die primäre Spermatocystitis für sehr selten ansieht, wird diese durch Fieber, von krampfartigen vom Perinäum gegen Harnröhre und Blase ausstrahlenden Schmerzen, von häufigem Harndrange und peinlichen Wollustgefühlen charakterisiert. „Auf der Höhe der Schmerzanfälle tritt eine Kontraktion der Perinäalmuskulatur ein, und dabei entquillt der Harnröhre eine trübe, dicke Flüssigkeit, deren geformte Bestandteile sich als Samenfäden, Eiterkörperchen und spärliche Epithelien erweisen." Er empfiehlt erstens die rektale Untersuchung, wodurch eine Schmerzhaftigkeit der Samenbläschen festgestellt werden kann, und zweitens das Streichen des erkrankten Organes, wodurch Samenflüssigkeit in die Harnröhre ausgepresst werden kann. Nach Horovitz sind doch die Symptome, von denen er später (1894) ausdrücklich sagt, dass dieselben für die Krankheit auch nicht pathognomonisch sind, allein nicht genügend, um die Diagnose der Spermatocystitis zu stellen, sondern gehört dazu noch unbedingt ein weiteres Moment, die Entzündung des auf derselben Seite gelegenen Nebenhodens. Nur wenn eine solche Epididymitis vorhergegangen ist, darf auf eine Miterkrankung des Samenbläschens mit Sicherheit geschlossen werden.

Die Spermatocystitis hält Lloyd (1889)[31]) für eine häufige und gewöhnliche Komplikation der gonorrhoischen Epididymitis und sagt er, dass dieselbe in zwei Formen vorkommt, in einer leichten, milde verlaufenden und in einer schweren Form. In der ersten, der leichten Form, sind die Symptome tiefsitzender Schmerz im Perinäum und ein Gefühl von Schwere in demselben, Blasenreiz bei vollkommen normalem Harne und ein unangenehmes Gefühl, sowohl nach dem Urinieren wie nach der Defäkation.

Die schweren, mehr akut verlaufenden Fälle zeichnen sich durch häufiges Urinieren, anhaltenden Schmerz, der in dem Masse, wie die Blase gefüllt wird, sich immer steigert, rektalen und vesikalen Tenesmus, Temperatursteigerung und schmerzhafte Defäkation aus. In diesen beiden Formen muss doch die Untersuchung per rectum gemacht werden und durch diese die Erkrankung der Samenbläschen bestätigt werden.

In seinem späteren Aufsatze (1891)[40]) sagt Lloyd, dass die Symptome der Spermatocystitis sind „identical with those given in the text-books as characteristic of the several varieties of prostatitis, of vesical irritability and inflammation of the neck of the bladder, and a correct diagnosis between them can only be made by a carefully conducted digital examination from the rectum."

Die Symptome, die v. Petersen (1894)[47]) bei seinen acht Patienten fand, bei welchen er die Spermatocystitis diagnostizieren konnte, waren Schmerzen beim Harnlassen und bei der Defäkation, ein Gefühl von Schwere und tiefsitzende im After lokalisierte Schmerzen.

"Fünf Patienten gaben an, während oder gleich nach dem Harnlassen Blutentleerung gemerkt zu haben, zwei hatten die Entleerung von „rosafarbenem Samen" bemerkt.

Die Untersuchung per anum ergab bei allen Patienten eine deutliche Vergrösserung des Samenbläschens, als elastisch derbe, rundliche, deutlich abgrenzbare, jedoch nach oben nicht immer erreichbare Geschwulst, wie eine gefüllte Gallenblase."

Auf die vagen Symptome der Spermatocystitis macht Rehfisch (1895)[45]) aufmerksam und erwähnt er die schon von anderen Autoren genannten und beschriebenen Schmerzen, von denen er doch als für die Samenblasenentzündung typisch nur die infolge der Defäkation entstehenden halten will, wie er auch die schmerzhaften Ejakulationen für diese Krankheit besonders charakteristisch ansieht. Die Diagnose einer Spermatocystitis sollte doch nach Rehfisch nicht ohne die rektale Untersuchung gemacht werden und auch die mikroskopische Untersuchung des ausgepressten Samens, wenn dieser auch mit Eiterkörperchen gemengt ist, genügt seiner Ansicht nach nicht zur Feststellung des Bestehens einer Entzündung der Samenblasen, wenn nicht zugleich die obengenannten Schmerzen vorhanden sind. Auf das Miterkranken des Nebenhodens will er kein Gewicht legen, weil er behauptet, was wir an anderer Stelle schon erwähnt haben, dass die Samenbläschen zuerst, die Epididymis aber erst sekundär erkrankt.

Die Symptome der akuten „Gonocystitis" hält Taylor (1895)[51]) für identisch mit denjenigen, die infolge einer akuten Urethritis posterior oder einer Prostatitis auftreten, und ist er daher der Ansicht, dass nur durch die Untersuchung per rectum die Diagnose mit einiger Sicherheit gemacht werden kann.

Bei Besprechung der Symptome der akuten Spermatocystitis erwähnt Finger (1896)[52]) die mannigfaltigen Schmerzen und Störungen bei der Defäkation, die heftige [sexuelle Erregung, die häufigen Pollutionen, die mit Schmerzen, besonders im Momente der Ejakulation, verbunden sind, und bei welchen das Ejakulat „von gelber, roter oder braunroter Farbe" ist und auf der Wäsche Flecke hinterlässt, „die im Centrum gräulich, von einem gelben und einem braunroten Ring umsäumt werden, unter dem Mikroskop Blut, Eiter, tote oder keine Spermatozoen zeigen."

Die Symptome der chronischen Spermatocystitis hält Finger für sehr dunkel. In einem Falle, wo er beide Samenbläschen als vergrösserte Knoten per anum fühlen konnte, waren die eiterhaltigen Pollutionen sehr selten, in einem anderen Falle, wo die Pollutionen dagegen häufig waren, bestand das Ejakulat aus einer chokoladebraunen Masse, die Eiterkörperchen aber keine Spermatozoen enthielt.

Ebenso unsicher und vieldeutig finden wir die Symptome der Spermatocystitis angegeben in den verschiedenen Lehr- oder Handbüchern, in welchen überhaupt die Erkrankungen der Samenbläschen einigermassen ausführlich erwähnt und beschrieben werden. Überall finden wir dieselben Erscheinungen, dieselben unbestimmten Schmerzen, die Störungen bei der Defäkation und bei der Miktion, die sexuelle Erregung und die priapistischen Beschwerden, die blutigen Pollutionen u. s. w. angegeben, von welchen Symptomen der eine Autor dieses, der andere jenes als für die Spermatocystitis besonders charakteristisch hält.

Betrachten wir aber genauer und kritisch jede dieser obengenannten Erscheinungen für sich, müssen wir gestehen, dass keine einzige für die Diagnose der Spermatocystitis zu verwerten ist, dass kein einziges aller dieser Symptome für dieses Leiden typisch sein kann. Schmerzen im Perinäum und tief im After, wie auch Störungen bei der Defäkation finden wir auch bei der Prostatitis priapistische Beschwerden und häufige Pollutionen schon bei der akuten Urethritis anterior, blutige Pollutionen können bei einer akuten Prostatitis oder Urethritis posterior vorkommen, Harndrang bei einer Urethrocystitis acuta sich einstellen u. s. w. Wir können daher keines dieser Symptome als speziell für die Spermatocystitis bezeichnend und typisch halten, sondern müssen dieselben nur insofern für die Diagnose der Samenbläschenentzündung für wertvoll betrachten, dass dieselben unsere Aufmerksamkeit auf das eventuell bestehende Leiden der Vesiculae seminales lenken können. Die einzige Art, die uns ermöglicht eine Samenblasenentzündung in jedem Falle zu diagnostizieren, ist die Untersuchung des Samenblaseninhaltes oder, wenn dieselbe gelingt, die rektale Untersuchung mit dem Finger. Da aber das letztgenannte Verfahren in den meisten Fällen nicht gelingen wird, bleibt nur die Massage der Samenbläschen und die mikroskopische Untersuchung des bei derselben ausgepressten Samens als die einzige sichere und zuverlässige, in jedem Falle verwendbare Methode, eine Spermatocystitis zu diagnostizieren, übrig.

VII.
Frequenz.

Bei der Unklarheit, die noch heute fast über die ganze Frage der Samenbläschenkrankheiten, insbesondere aber über die gonorrhoische Samenbläschenentzündung herrscht, ist es selbstverständlich, dass wir über die Frequenz der Spermatocystitis nichts mit voller Bestimmtheit wissen, dass wir keine exakten Ziffern über die Häufigkeit dieses Leidens im Vergleiche mit anderen gonorrhoischen Affektionen angeben können. Es ist auch daher nicht sonderbar, wenn wir bei den verschiedenen Autoren auf diesem Gebiete in Bezug auf das Vorkommen der gonorrhoischen Spermatocystitis die extremsten, einander ganz widersprechenden Ansichten vorfinden.

Für Velpeau[22]) war die vereiternde gonorrhoische Spermatocystitis keine seltene Krankheit und hatte er mehrere Fälle beobachtet, wo eine Vereiterung des Samenbläschens die Ursache einer Peritonitis gewesen war.

Auch Guyon (1856)[86]) hält die Entzündung der Samenbläschen für ziemlich häufig, Fournier (1866)[81]) dagegen ist der Ansicht, dass die Samenbläschen bei der Gonorrhöe gewöhnlich intakt bleiben.

Horovitz, der (1889)[32]) die grosse Seltenheit der reinen primären Samenblasenentzündungen ausdrücklich betont, hält auch die sekundär auftretende Spermatocystitis für eine sehr seltene Krankheit.

Genauer über die Häufigkeit der Spermatocystitis äussert sich Lloyd (1889).[31]) Er sagt, dass die Spermatocystitis gewöhnlich nach einer vorausgegangenen Epididymitis entsteht und glaubt er, dass die Entzündung der Samenbläschen, insbesondere in der von ihm angenommenen, von uns schon früher erwähnten milderen Form, ebenso häufig vorkommt, wie die Nebenhodenentzündung selbst. In seinem späteren Aufsatze (1891)[40]) glaubt er die Entzündung der Samenbläschen „amongst the most common complications of gonorrhoea" rechnen zu können.

G. Lucas (1894)[54]), der 285 Fälle von Epididymitis per rectum untersucht hat, konnte 174 mal keine Veränderungen, weder der Prostata noch der Samenbläschen nachweisen. In den übrigen 111 Fällen fand er nur entweder einfache Kongestion oder Inflammation ohne Suppuration, Volumsvergrösserung und Schmerzhaftigkeit bei Druck, zuweilen aber nur eine aller dieser Veränderungen. In den Fällen, wo es ihm möglich war, irgend eine krankhafte Veränderung dieser Organe zu konstatieren, wurde dieselbe immer auf derjenigen Seite gefunden, wo die Epididymis erkrankt war.

P. Colombini (1894)[55]), der auch einen Fall von Spermatocystitis, Deferentitis und Prostatitis ohne vorhergegangene Nebenhodenentzündung beobachtet hat, kommt auf Grund seiner Forschungen zu dem Resultate, dass in 62,5% von Epididymitis die obengenannten Organe sekundär, teils alle, teils nur einzeln, mit erkranken.

O. von Petersen (1894)[47]), dem das grosse Verdienst zukommt in der letzten Zeit auf die akute Spermatocystitis die Aufmerksamkeit gelenkt zu haben, hat auch versucht einige statistische Daten über die Häufigkeit der infolge der Gonorrhöe auftretenden Samenblasenentzündung, wie auch anderer gonorrhoischer Komplikationen zu ermitteln. Zu dem Zwecke hat er je 100 Fälle von akuter und subakuter Urethritis teils aus seiner eigenen Privatpraxis, teils aus seinem Krankenhausmateriale in St. Petersburg genau untersucht, und kommt er auf Grund dieser seiner Untersuchungen zu dem folgenden Resultate über die Frequenz der verschiedenen Komplikationen der Gonorrhöe. So fand er:

	Klinik	Privatpraxis
Prostatitis	bei 20%	12%
Epididymitis	„ 18%	10%
Spermatocystitis	„ 4%	4%
Cowperitis	„ 0%	1%
Rheumatismus gonorrhoicus	„ 0%	1%

also bei 200 Patienten:

Prostatitis	bei 16%
Epididymitis	„ 14%
Spermatocystitis	„ 4%

Die Spermatocystitis, die von Petersen teils durch die digitale Untersuchung per anum, teils durch das von Alexander[36]) empfohlene Verfahren diagnostizierte, fand er stets einseitig, und zwar fünfmal auf der rechten, dreimal auf der linken Seite. In der Hälfte seiner Beobachtungen, also in vier Fällen, war gleichzeitig Epididymitis, in sieben Fällen Prostatitis vorhanden.

Obgleich von Petersen die Zahl dieser seiner oben angeführten Beobachtungen zu gering hält, um aus derselben welche sichere, zuverlässige Schlüsse in Bezug auf die Häufigkeit der gonorrhoischen Samenblasenentzündung ziehen zu können, äussert er doch als seine Überzeugung, dass die Spermatocystitis gewiss nicht so selten vorkommt, wie man es allgemein bisher angenommen hat, sondern glaubt er, dass diese Krankheit, wenn nur auf dieselbe geachtet wird und wir dazu gelangen, dieselbe sicher zu diagnostizieren, als Folge der Urethritis sehr häufig und häufiger, als man glauben möchte, gefunden werden wird.

Zu der Annahme, dass die Spermatocystitis nicht so sehr selten vorkommt, neigt auch Rehfisch (1895)[45], indem er behauptet, dass die Gonokokken, durch das Vas deferens ihren Weg nehmend, um in den Nebenhoden zu gelangen, zugleich auch in die Ampulle des Vas deferens und von dort in die Samenbläschen einwandern können. Auf Grund dieser Behauptung glaubt er auch, dass die Samenblasen zuerst gonorrhoisch erkranken und dass die Nebenhodenentzündung nur als sekundäre Erkrankung aufzufassen ist.

Obgleich wir uns nicht berechtigt finden, auf Grund unserer Untersuchungen welche sichere Ansichten über die Häufigkeit der gonorrhoischen Spermatocystitis auszusprechen, möchten wir doch, gestützt auf die Resultate unserer Beobachtungen, behaupten, dass die katarrhalische Form der Samenbläschenentzündung sehr häufig sein muss, dass dieselbe vielleicht zu den allerhäufigsten Komplikationen der Gonorrhöe gehört. Ob dieselbe häufiger vorkommt als die Nebenhodenentzündung, ist uns unmöglich zu beurteilen, dazu ist die Zahl unserer Beobachtungen viel zu gering. Auf ein grösseres Material sich stützende Untersuchungen werden wohl seiner Zeit hierüber sicheren Aufschluss geben.

Die akute, mit Vereiterung der Samenblasen verbundene Entzündung haben wir nicht Gelegenheit gehabt zu beobachten, möchten aber dieselbe für sehr selten halten, obgleich die Zahl der bisher beobachteten Fälle dieser Form doch nicht so sehr gering ist, was sicher darauf beruht, dass diese Fälle ihrer prägnanteren, heftigen Symptome wegen im allgemeinen gut diagnostiziert worden sind, oder auch wegen der deutlicheren und auffallenderen Veränderungen weniger leicht bei den Sektionen übersehen worden sind.

Auch in dem Umstande, dass die Gonokokken im allgemeinen keine Tendenz besitzen einen eitrigen Zerfall des Gewebes anzuregen, sondern am gewöhnlichsten nur eine katarrhalische Entzündung erzeugen, wie wir es ja aus der Seltenheit der akuten eitrigen Periurethritis, der Abscesse, sowohl der Prostata, wie auch der Nebenhoden ersehen, haben wir eine Stütze für die Ansicht, dass die Abscesse der Samenbläschen zu den selteneren Krankheiten dieser Organe gehören, dass dagegen die katarrhalische Entzündung der Vesiculae seminales aller Wahrscheinlichkeit nach sehr häufig vorkommen muss.

VIII.
Prognose und Therapie.

Die Prognose der gonorrhoischen Spermatocystitis richtet sich nach den verschiedenen Formen der Krankheit. Während nämlich die Prognose der Vereiterung des Samenbläschens immer mit einiger Vorsicht gestellt werden muss, wegen der damit verbundenen Gefahr eines Durchbruches der Eiteransammlung in das umgebende Gewebe, wodurch, wie es mehrmals beobachtet worden ist, eine letal verlaufene Peritonitis hervorgerufen worden ist, nimmt dagegen der einfache Katarrh des Samenbläschens wohl immer quoad vitam einen günstigen Ausgang. Der Verlauf dieser Form der Samenblasenentzündung ist aber immer ein sehr langwieriger, oft auf Monate sich streckender, endet wohl doch fast immer in vollständiger Resolution. Inwiefern das Samenbläschen durch diesen Katarrh seine Funktionsfähigkeit einbüsst oder nicht, hängt von der Ausdehnung und Intensität des Prozesses ab. Ist derselbe über die ganze Schleimhaut des Samenbläschens verbreitet und ist noch dazu die Entzündung von langer Dauer, so ist anzunehmen, dass die Schleimhaut und die Drüsen des Samenbläschens allmählich veröden und eine Bindegewebsneubildung entsteht, durch welche eine Schrumpfung des ganzen Organes stattfindet. Ist der Prozess nur auf einzelne Hohlräume beschränkt, veröden selbstverständlich nur diese und der übrige Teil des Samenbläschens bleibt von dem ganzen Krankheitsprozesse unberührt. Da wohl in den meisten Fällen die Affektion nur das eine Samenbläschen betrifft, leidet, wenn auch das eine Samenbläschen zu Grunde geht, die Zeugungsfähigkeit des Mannes nicht, vorausgesetzt, dass die übrigen Genitalfunktionen normal sind.

In Bezug auf die Therapie der gonorrhoischen Spermatocystitis können wir uns ziemlich kurz fassen. Weder giebt es nämlich, wegen der noch herrschenden mangelhaften Kenntnis dieses Leidens eine ausgearbeitete Therapie, noch haben wir die Möglichkeit, wegen der verborgenen Lage der Samenbläschen auf dieselben in sehr verschiedener Weise therapeutisch einwirken zu können.

Dasjenige, was wir in erster Reihe bei der Behandlung berücksichtigen müssen und was wir nach Möglichkeit von einander zu trennen haben, sind die zwei von uns angegebenen, verschiedenen Formen der Spermatocystitis, wie auch die einzelnen Stadien dieser Krankheitsformen, weil unser therapeutisches Eingreifen sich darnach strenge richten muss.

Was zunächst die Fälle anbelangt, wo eine akute Vereiterung der Samenbläschen stattfindet, bleibt für diese im ersten Stadium, das wohl meistens mit recht intensiven Fiebererscheinungen verbunden ist, nichts anderes als eine möglichst energische lokale antiphlogistische Therapie, mit absoluter Bettruhe, übrig. Diese lokale Antiphlogose kann durch das Einlegen kleiner Eisstückchen in den Mastdarm, wie es von Petersen[47]) in seinem Falle gebraucht hat, oder auch einfacher und besser durch das Einführen des von Finger zur Behandlung der akuten Prostatitis modifizierten Artzbergerschen Hämorrhoidalapparates erzielt werden. Derselbe besteht aus einer 16 cm langen, durch eine Scheidewand in zwei Hälften geteilten metallenen Birne, durch welche man einen Strom kalten Wassers durchströmen lässt. Dieser Apparat, gut geölt, wird so hoch in das Rectum eingeführt, dass der dickste Teil desselben mit dem erkrankten Samenbläschen in Berührung kommt, und durch das durchströmende kalte Wasser wird in dieser Weise eine kräftige lokale Antiphlogose erzielt. Der Apparat, der sogar von dem Patienten selbst ohne grosse Schwierigkeit eingeführt werden kann, bleibt, wie bei der Behandlung der akuten Prostatitis $^1/_2$ bis 1 Stunde oder noch länger im Rectum liegen und wird diese Behandlung mehrere Male täglich wiederholt. Falls die Schmerzen sehr hochgradig sind und durch die lokale Kälte nicht gelindert werden, muss man trachten dieselben zu beseitigen durch Darreichung von Morphium, entweder intern, subkutan oder in Form von Suppositorien.

Sobald aber ein Verdacht auf eine Eiteransammlung da ist, müssen wir nach chirurgischen Grundsätzen handeln und müssen wir versuchen, den Eiter aus dem Samenbläschen möglichst schnell zu entfernen, was wohl am besten und sichersten durch einen prärektalen Schnitt zu erzielen ist. Den Vorschlag Villeneuve's den Samenstrang mit dem Vas deferens von der Leiste her freizulegen und durch Zug an diesem das Samenbläschen hervorzuziehen und so die Entleerung des Eiters zu erzielen, hat Fuller[42]) versucht, will aber die Anwendung dieses Verfahrens nicht empfehlen, weil dasselbe, das ja übrigens auch recht kompliziert ist, ihm misslang. Bei seinem Versuche das Samenbläschen in dieser Weise frei zu legen, zerriss nämlich das mürbe gewordene Vas deferens und konnte das Samenbläschen auf diesem Wege garnicht gefunden werden.

Sobald aber die akut entzündlichen Erscheinungen vorüber sind, müssen wir versuchen, die entzündlichen Produkte zur Resorption zu bringen und eignen sich dazu wohl am meisten Suppositorien mit Jod-Jodkalium nach Finger, Ichthyol etc., wie auch die Anwendung des Artzberger-Finger'schen Apparates, durch welchen man in diesem Falle warmes Wasser durchströmen lässt, von Nutzen sein dürfte.

Für die Formen katarrhalischer Entzündung der Samenbläschen eignet sich anfangs wohl auch nur eine lokale Antiphlogose oder etwas später eine resorbierende Behandlung durch Mastdarmsuppositorien. Sind aber die akut entzündlichen Erscheinungen vorüber, ist unserer Ansicht nach die Massage der Samenbläschen dasjenige therapeutische Verfahren, von welchem man die besten Resultate erwarten darf. Diese Methode, das Auspressen der Samenbläschen, von Alexander (1891)[36] zur Stellung der Diagnose einer Spermatocystitis zuerst gebraucht, wurde später von Fuller (1893)[47] zu therapeutischen Zwecken empfohlen. Die Kompression der Samenbläschen suchte aber Fuller in der Weise zu erzielen, dass er einen aus zwei Teilen bestehenden Gummikolpeurynther nach Keyes in den Mastdarm einführte, ein Verfahren, das sowohl sehr kompliziert und in seinen Erfolgen auch unsicher ist, daher auch keine weitere Verwendung gefunden hat.

Allen (1894)[50] empfiehlt ebenfalls znr Heilung der Spermatocystitis die Massage, macht aber darauf aufmerksam, dass man den Samen am besten aus den Samenbläschen entleert, wenn man statt streichende Bewegungen zu gebrauchen, nur einen direkten Druck auf eine Stelle des Samenbläschens ausübt.

Auch Feleki will von der Massage der Samenbläschen bei der „chronischen", d. h. der katarrhalischen Spermatocystitis die besten Resultate erwarten und empfiehlt er zum Auspressen der Vesiculae seminales das von ihm hauptsächlich für die Massage der Prostata konstruierte Instrument, das auch Finger zu diesem Zwecke sehr verwendbar findet und das wir auch auf Grund unserer Erfahrung zur Massage und zum Auspressen der Samenbläschen empfehlen möchten, als sowohl bequem und auch praktisch.

Auch unserer Ansicht nach ist die Massage der Samenbläschen bei der katarrhalischen Spermatocystitis dasjenige Verfahren, das sich bei der Behandlung dieses Leidens am rationellsten erweisen dürfte. Bei der Behandlung müssen wir nämlich trachten die Samenbläschen möglichst genau von ihrem krankhaft veränderten Inhalte zu befreien und ist dieses um so mehr zu erwünschen, da derselbe, wie es unsere Untersuchungen beweisen, sehr häufig noch

Gonokokken enthält. Dieses Entfernen der Gonokokken, wie auch der Produkte der Entzündung der Samenbläschenschleimhaut, wie Eiterkörperchen und Epithelien im Samenbläscheninhalte, können wir durch keine andere Methode so einfach und so sicher erzielen wie durch die Massage, weil durch dieselbe ohne Zweifel Kontraktionen der Samenblasenmuskulatur hervorgerufen werden und so auch die kleinsten Hohlräume von ihrem eitrigen Inhalte befreit werden.

Diese Massage mit dem Instrumente Feleki's, die am besten dann auszuführen ist, wenn der Patient wenigstens etwas Harn in der Blase zurückgehalten hat, bleibt auch vorläufig das einzige Verfahren, durch welches wir die Samenbläschen massieren und wirklich auspressen können, denn, wenn wir auch dieselben mit der Fingerspitze erreichen können, was sicher nur ausnahmsweise der Fall sein wird, so besitzen wir doch nicht die Kraft, einen wirksamen Druck auf dieselben in dieser Weise auszuüben. Da ausserdem die Massage mit dem Feleki'schen Instrumente, wenn dieselbe nicht in brutaler Weise ausgeführt wird, von den Patienten auch sehr gut vertragen wird und unserer Erfahrung nach sicher nicht oder wenigstens nicht beträchtlichere Schmerzen als die Massage der Prostata erzeugt, müssen wir die Anwendung derselben erstens in jedem Falle länger dauernder Urethritis zu diagnostischen Zwecken und zweitens auch als therapeutisches Verfahren dringend empfehlen. Die Massage soll, unserer Ansicht nach, nicht häufiger als höchstens zweimal in der Woche gemacht werden und empfiehlt es sich, die ganze Urethra nachher mit einer adstringierend-antiseptischen Lösung durchzuspülen, um dieselbe von dem Prostata- resp. Samenbläschensekrete zu befreien und eventuelle Gonokokken zu töten.

Litteratur.

1. Bérenger de Carpi. Isagogae breves, pellucide ac uberrime in Anatomia humani. (Citiert nach Guelliot[25]).
2. Naumann, M. E. A. Handbuch der medizinischen Klinik. Bd. VII. 1837. p. 566.
3. Baillie, Matthew. Anatomie des krankhaften Baues von einigen der wichtigsten Theile im menschlichen Körper. Deutsche Übersetzung von S. Th. Sömmering. Berlin. 1794. p. 191.
4. Gaussail. Mémoire sur l'orchite blennorrhagique. Archives générales de médecine. T. XXVII. 1re Série. 1831. p. 188.
5. Albers. Über die Krankheiten der Samenbläschen, der Vasa deferentia und der Ductus ejaculatorii. Journal der Chirurgie und Augen-Heilkunde von C. F. v. Gräfe und Ph. v. Walther. Bd. XIX. Heft 2. Berlin 1833. p. 173.
9. Albers. Beobachtungen auf dem Gebiete der Pathologie und pathol. Anatomie. II. Teil. Bonn 1838. IV. Die Krankheiten der Samenbläschen, der Vasa deferentia und der Ductus ejaculatorii.
7. Lallemand, F. Des pertes séminales involontaires. Paris 1836—1842.
8. Faye, F. C. De vesiculis seminalibus dissertatio. Skienae. 1840 u. 1841.
9. Marcé. Orchite blennorrhagique; autopsie. Gazette des Hôpitaux. 1854. p. 597.
10. Peter. Sur un cas d'épididymite blennorrhagique suivie d'inflammation de la vésicule séminale, de péritonite et de pleuresie. L'Union médicale. T. X. 1856. p. 562.
11. Velpeau. Medico-Chirurgical Review. Vol. I. 1857.
12. Godard, E. Anatomie pathologique de l'épididymite blennorrhagique aigue; diminution notable du volume de la vésicule séminale correspondant à l'épididyme affecté, et coïncidant avec l'absence d'animalcules spermatiques dans la liquid qu'elle renferme. Gazette médicale de Paris. XI. 1856. p. 294.
13. Laborde. Orchite et épididymite chronique, (manifestations aigues) chez un vieillard de 80 ans; concrétions fibrineuses à divers degrés d'organisations dans la tunique vaginale et dans la même cavité corps étranger de nature fibro-cartilagineuse du volume d'une petite noisette, non pédiculé; Inflammation de la membrane interne du

canal de l'épididyme, du canal déférent et des vésicules séminales; présence de globules purulents, mêlés à des globules sanguins altérés dans les canaux déférents et aussi dans la vésicule séminale du côté gauche; pas de traces de spermatozoïdes. Examen microscopique des canalicules spermatiques. Gazette médicale de Paris. T. XIV. 1859. p. 468.
14. Hardy, Ch. Études sur les inflammations du testicule et principalement sur l'épididymite et l'orchite blennorrhagique. Thèse de Paris. 1860.
15. Rapin, Eugène. De l'inflammations des vésicules séminales et des canaux éjaculateurs. Thèse de Strasbourg 1859. Refer. in Canstatts Jahresbericht 1860. III. p. 284.
16. Civiale. Traité pratique sur les maladies des organes génito-urinaires. Paris. 1858. T. II. p. 480.
17. Humphry, G. M. Affections of the vesiculae seminales in Holmes. A system of surgery. London. 1871. Vol. V. p. 169.
18. Kocher, Th. Krankheiten der Samenblasen in v. Pitha und Billroth, Handbuch der Chirurgie. Bd. III. Abteil. II. 1871 bis 1875.
19. Purser. Inflammation of left Vesicula seminalis; Cystitis; Endocarditis bacteritica; Secondary Abscesses. The Dublin Journal of Medical Science. Vol. LXIV, 1877. p. 553.
20. Delfau, G. Manuel complet des maladies des voies urinaires. Paris. 1880. p. 867—876.
21. Gosselin. Clinique chirurgicale de la Charité.
22. Faucon, A. De la péritonite et du phlegmon sous-péritonéal d'origine blennorrhagique. Paris 1877. p. 23. (Archives générales de médecine. Oct. et Nov. 1877.)
23. Verneuil. Clinique sur l'inflammation des vésicules séminales. Journal de méd. et de chir. pratique. 1874. p. 15.
24. Voillemier et Le Dentu. Traité des maladies des voies urinaires. Paris. 1881. T. II. p. 179—188. (Le Dentu: Maladies des vésicules séminales et des canaux éjaculateurs.)
25. Guelliot, Octave. Des vésicules séminales. Anatomie et Pathologie. Paris. 1883.
26. Neumann, J. Über Complikationen der Urethritis. Allgem. Wiener medizinische Zeitung. XXIX. 1884. p. 223, 233, 259.
27. Finger, Ernest. Prostatitis und Spermatocystitis chronica als Komplikation chronischer Urethritis. Wiener med. Presse. XXVI. 1885. p. 597, 634, 670, 742.
28. Kocher, Th. Die Krankheiten der männlichen Geschlechtsorgane. Stuttgart. 1887. p. 626. (Deutsche Chirurgie, Lief. 50b.)
29. Neumann, J. Lehrbuch der venerischen Krankheiten und der Syphilis. Wien. 1888.

30. Neumann, J. Die Entzündung der Samenbläschen; Vesiculitis blenorrhoica; Spermatocystitis gonorrhoica. Allgem. Wiener mediz. Zeitung. 1887. p. 320, 332.
31. Lloyd, Jordan. On inflammatory disease of the seminal vesicles. The British Medical Journal. Vol. I. 1889. p. 882.
32. Horovitz, M. Zur Klinik der Samenblasenkrankheiten. Wiener mediz. Presse. 1889. p. 1313.
33. Horovitz, M. Krankheiten der Samenblasen in W. Zuelzer und F. M. Oberländer: Klinisches Handbuch der Harn- und Sexualorgane. Leipzig. 1894. III. p. 291.
34. Fürbringer, P. Die inneren Krankheiten der Harn- und Geschlechtsorgane. Berlin 1890. p. 509.
35. Dreyer, Albert. Beiträge zur Pathologie der Samenblasen. Inaug. Diss. Göttingen 1891.
36. Alexander, Samuel. Some remarks upon the diagnosis of gonorrhoea in the male. Journal of cut. and genito-urinary diseases. 1891.
37. Mauriac, Ch. Cas rare de déférentite et de vésiculite blennorrhagique. Société française de Dermatologie et de Syphiligraphie. 11 Juin 1891.
38. Parkin. Two cases of disease of the seminal vesicles. British medical Journal. Oct. 17. 1891. p. 851.
39. Terrillon. De la salpingite blennorrhagique. Bulletin médical. Nr. 74. 1890. Refer. in Annales de Dermatologie et de Syphiligraphie. 1891. p. 254.
40. Lloyd, Jordan. On spermato-cystitis (inflammation of the seminal vesicles). The Lancet. 1891. Vol. II. p. 974.
41. Robinson, F. B. Gonorrhoea of the vesiculae seminales (Spermatocystitis). Medical News. 7. May 1892. Nr. 19.
42. Fuller, Eugène. Seminal vesiculitis. Journal of cut. and genitourinary diseases. 1893. p. 332.
43. Fuller, Eugène. Persistent urethral discharges dependent on subacute or chronic seminal vesiculitis. Journal of cut. and genitourinary diseases. 1894. p. 243 and 292.
44. Fuller, Eugène. The seminal vesicles. The New York medical Journal. Vol. LXII. 1895. p. 277. American Association of Genito-Urinary Surgeons. May 1895.
45. Rehfisch, Eugen. Über akute Spermatocystitis. Deutsche med. Wochenschrift. XXI. 1895. p. 334.
46. Feleki. Beiträge zur Kenntnis und Therapie der chronischen Entzündung der Prostata und der Samenbläschen. Centralblatt für die Krankheiten der Harn- und Sexualorgane. Bd. VI. 1895. p. 468 und 512.
47. Petersen, O. von Spermatocystitis als Complikation der Urethritis. Verhandlungen der Deutschen Dermatologischen Gesellschaft. IV. Kongress. 1894. p. 319.

48. Reich, W. Demonstration eines operativ geheilten Falles von Spermatocystitis acuta. K. k. Gesellschaft der Ärzte in Wien 1894 und Wiener klinische Wochenschrift 1894. Nr. 20.
49. Thompson, J. M. Some observations on chronic vesiculitis with report of four cases. Boston medical and surgical Journal. 1894. 1. November.
50. Allen, Gardner W. Chronic inflammation of the seminal vesicles. Med. Communication of the Massachusets med. Soc. XVII. II. p. 405. (vergl. Medical News. July 28. 1894).
51. Taylor, Robert W. Inflammation of the seminal vesicles. The New York Medical Journal. Vol. LXI. 1895. p. 151. Vortrag gehalten in der „American Association of Genito-Urinary Surgeons" Washington. 1894.
52. Finger, Ernest. Die Blenorrhoe der Sexualorgane und ihre Komplikationen. Wien 1896. p. 304.
53. van Sehlen. Verhandlungen der Deutschen Dermatologischen Gesellschaft. IV. Kongress. 1894. p. 334.
54. Lucas, G. Résultats du toucher rectal dans 285 cas d'épididymites blennorrhagiques. Thèse de Paris 1894. Refer. in Annales de Dermatologie et de Syphiligraphie. T. V. 1894. p. 1157.
55. Colombini, P. Della frequenza della prostatite, della vesicolite, della deferentite pelvica nella epididimite blenorragica. Policlinico. Vol. II. 1895.
56. Terrillon. Des altérations du sperme dans l'épididymite blenorrhagique. Annales de Dermatologie et de Syphiligraphie. 1880. p. 439.
57. Hoffmann, Egon. Die Krankheiten der Prostata in Klinisches Handbuch der Harn- und Sexualorgane von W. Zuelzer und F. M. Oberländer. III. 1894. p. 4.
58. Finger, Ernest. Beiträge zur Biologie des Gonokokkus und zur pathologischen Anatomie des gonorrhoischen Prozesses. Centralblatt für die Krankheiten der Harn- und Sexualorgane. Bd. V. 1894. p. 336.
59. Steinschneider und Galewsky. Untersuchungen über Gonokokken und Diplokokken in der Harnröhre. Verhandlungen der Deutschen Dermatologischen Gesellschaft. I. Kongress 1889. p. 163.
60. Finger, Ernest. Zur Klinik und pathologischen Anatomie der chronischen Urethritis posterior und Prostatitis chronica. Internat. Centralblatt für die Physiologie und Pathologie der Harn- und Sexualorgane. Bd. IV. 1893. p. 117.
61. Jadassohn. Verhandlungen der Deutschen Dermatologischen Gesellschaft. I. Kongress 1889. p. 188.
62. Neisser, A. Verhandlungen der Deutschen Dermatologischen Gesellschaft. IV. Kongress 1894. p. 327.

63. Rehfisch, Eugen. Neuere Untersuchungen über die Physiologie der Samenblasen. Deutsche mediz. Wochenschrift. XXII. 1896. p. 245.
64. Kayser, Heinrich. Untersuchungen über die Bedeutung der Samenblasen. Inaug. Diss. Berlin 1889.
65. Dolbeau. Leçons de clinique chirurgicale professées à l'Hôtel-Dieu 1867.
66. Beer. Vereiterung der spermatopoetischen Organe unter Symptomen eines Delirium tremens mit Herz- und Klappenfehler. Refer. in Schmidt's Jahrbücher. Supplementband IV. 1845. p. 292.
67. von Pitha. Krankheiten der männlichen Genitalien und der Harnblase in Virchow's Handbuch der speziellen Pathologie und Therapie. Bd. VI. 1856—1865.
68. Prince A. Morrow. A system of genito-urinary diseases, syphilology and dermatology. Vol. I. Part. I. 1893. (Acute Urethritis. — Gonorrhoea by George Emerson Brewer.)
69. Hunter, John. Observations on certain parts of the animal oeconomy. London 1786. p. 27—41.
70. van Buren and Keyes. A practical treatise on the surgical diseases of the genito-urinary organs, including syphilis. New-York 1874. p. 473.
71. Ultzmann, Robert. Vorlesungen über Krankheiten der Harnorgane. Bearbeitet von Dr. J. H. Brik. Wien 1891. 3. Heft. p. 98.
72. Thompson, Henry. Die Krankheiten der Harnwege. 1889.
73. Tarnowsky, B. Vorträge über venerische Krankheiten. Berlin 1872. p. 328.
74. Ziegler, Ernst. Lehrbuch der speziellen pathologischen Anatomie. 1887. p. 815.
75. Klebs, E. Handbuch der pathologischen Anatomie. Bd. I. Abth. II. 1876.
76. Foerster, August. Handbuch der speziellen pathologischen Anatomie. II. Aufl. 1863.
77. Cruveilhier, J. Traité d'anatomie pathologique générale. T. IV. Paris 1862. p. 810.
78. C. Handfield Jones and } A manual of pathological anatomy.
    Edward H. Sieveking } 1854. p. 599.
79. Rokitansky, Carl. Handbuch der pathologischen Anatomie. Bd. III. Wien 1842. p. 490.
80. Lamperhoff, C. J. De vesicularum seminalium, quas vocant, natura atque usu. Diss. inaug. Berolinac 1835. (Refer. in Schmidt's Jahrbücher XII.)
81. Fournier. Dictionnaire de médecine et de chirurgie prat. T. V. 1866. p. 218.
82. Allen. Seminal vesiculitis. Boston medical and surgical Journal. June 1896. p. 612. (Refer. in Centralblatt für die Krankheiten der Harn- und Sexualorgane. Bd. IX. p. 90.)

83. Reliquet. Phlegmons périvésicaux. L'Union médicale. T. XXV. p. 289 et 326.
84. Mitchell, Henry. Abscess in the vesicula seminalis, perforation. Medico-chirurgical Transactions 1850. T. XXXIII. p. 306.
85. Guyot, J. Considérations sur la péritonite par propagation. Thèse de Paris 1856.
86. Guyon, Félix. Gazette des Hôpitaux. 1856. p. 486.
87. Guelliot, Octave. Des troubles de la sécrétion et de l'excrétion spermatiques. Annales de Dermatologie et de Syphiligraphie. T. IV. 1883. p. 204.
88. Felcki, Hugo. Über sogenannte latente Gonorrhoe und die Dauer der Infektiosität der gonorrhoischen Urethritis. Internat. Centralblatt für die Physiologie und Pathologie der Harn- und Sexualorgane. Bd. IV. 1893. p. 15 und 60.
89. Stoll, Maximilian. Ratio medendi in nosocomio practico Vindoboneusi. 1777—1790. P. I. p. 246. (Citiert bei Naumann[2]) und Civiale[16]).)

Erklärung der Abbildungen.

Tafel I.

Fig. 1. (Zeiss Oc. 3, Obj. aa = $^1/_{47}$).

Ein Stück des Samenbläschens mit grösseren und kleineren von Eitermassen = a gefüllten Hohlräumen. g = Globulinkörner.

Fig. 2. (Zeiss Oc. 3, Obj. DD. = $^1/_{325}$).

Zeigt einen Teil von Fig. 1 in stärkerer Vergrösserung.

Tafel II.

Fig. 1 u. 2 (Präparat gefärbt mit Haematoxylin-Eosin) und

Fig. 3 u. 4 (Präparat gefärbt mit Bismarckbraun) geben in verschiedener Vergrösserung zwei Stellen desselben Samenbläschens wieder und zeigen alle dieselben Veränderungen wie Tafel 1.

Fig. 1 u. 3 sind mit dem Okulare 4, Apochromat Zeiss 16 mm, Fig. 2 u. 4 mit dem Okulare 4, Apochromat Zeiss 8 mm bei einer Cameralänge von 14.5 cm genommen.

Druck von Hesse & Becker in Leipzig.

Collan, Spermatocystitis gonorrhoica.   Tafel I.

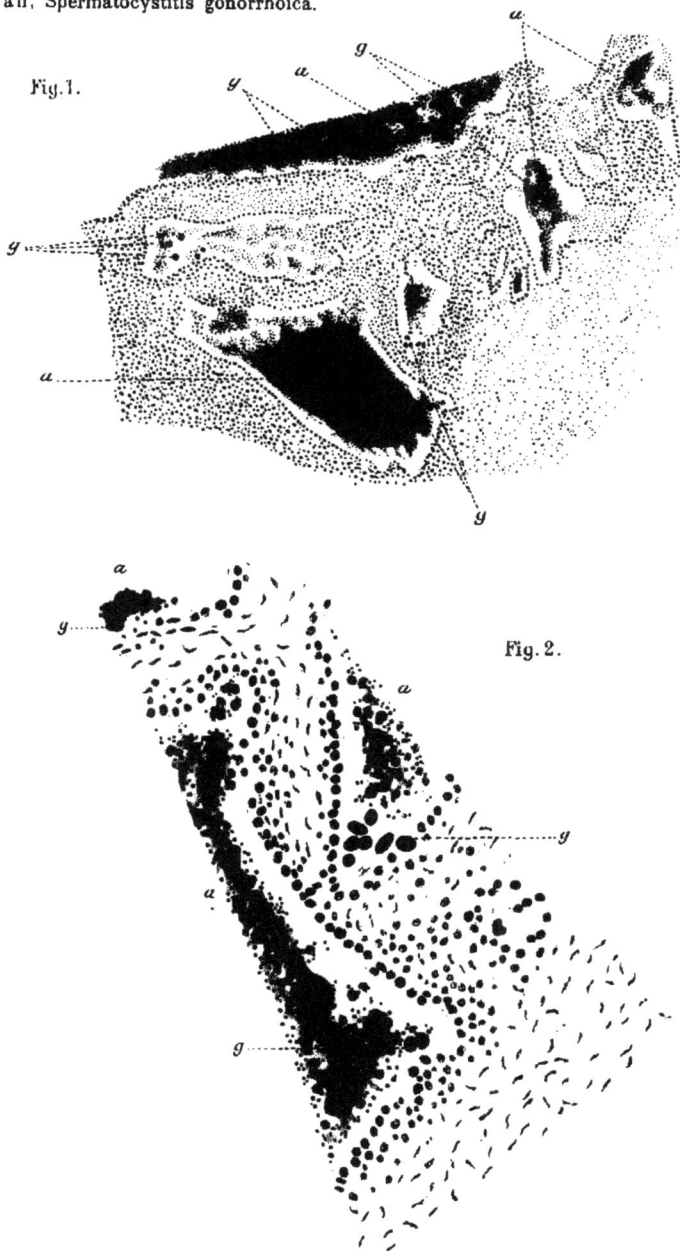

Verlag von Leopold Voss in Hamburg (und Leipzig).

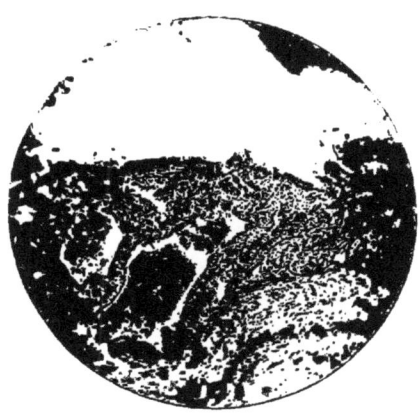

Fig. 1.

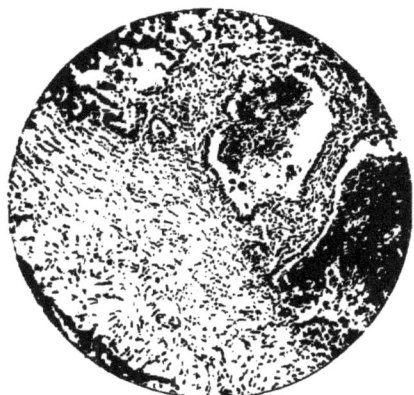

Fig. 2.

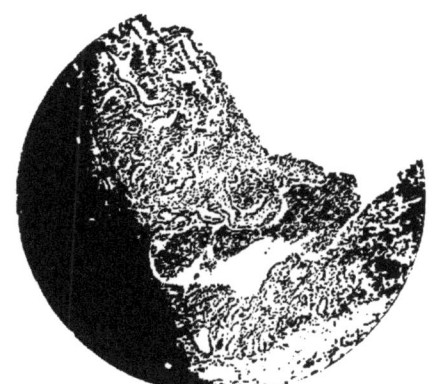

Fig. 3.

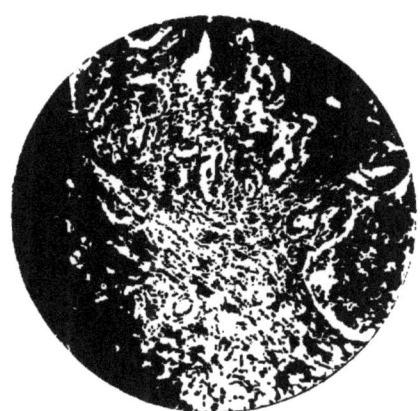

Fig. 4.